BURGEN
und Ansitze

BIBLIOGRAFISCHE INFORMATION DER DEUTSCHEN NATIONALBIBLIOTHEK
Die Deutsche Nationalbibliothek verzeichnet diese Publikation in der Deutschen Nationalbibliografie; detaillierte bibliografische Daten sind im Internet abrufbar: http://dnb.d-nb.de

Die Drucklegung dieses Werkes hat das Amt für Tourismus und Mobilität ermöglicht.

SYMBOLE

(Auge)	Besichtigung möglich
(Besteck)	Gastbetrieb
(Bett)	Übernachtungsmöglichkeit
€	Zimmerpreis bis 60 €
€ €	Zimmerpreis bis 90 €
€ € €	Zimmerpreis über 90 €

2009

Sparkassenstraße 8, 39100 Bozen

Autoren:
Stefan Stabler, Alexander von Hohenbühel
Design: Barbara Huber-Bergmeister
Gesamtherstellung: Athesiadruck, Bozen

ISBN-Nr. 978-88-8266-544-9
www.athesiabuch.it
buchverlag@athesia.it

Bildnachweis Umschlag:
Titelseite groß:
Athesia Images (Tappeiner);
Bilderleiste von links:
Athesia Images (Tappeiner),
Schloss Runkelstein,
Schloss Korb;
Rückseite: Schloss Prösels

Stefan Stabler
Alexander von Hohenbühel

BURGEN *und Ansitze*

Bozen und Umgebung

SÜDTIROL

ATHESIA

Inhaltsverzeichnis

Burgen als Denkmale in der Südtiroler Landschaft

Alexander von Hohenbühel

Welche Bedeutung ist der Burg geblieben?

Entlang der großen Täler säumen rund 130 Burgen und Burgruinen die Südtiroler Mittelgebirgsterrassen, Berghänge, Hügelkuppen und die Schuttkegel der Flüsse und Bäche. Weitere 50 bis 60 mittelalterliche Burgen sind in den Siedlungsverband eingeschlossen, nur noch an wenigen Mauerresten und Bodenerhebungen abzulesen oder gar kaum mehr zu sehen; die Erinnerung an Letztere ist aber oft in Sagen oder urkundlichen Belegen, Orts- oder Flurnamen erhalten geblieben. Zweifellos sind die einstigen Adels- und Herrschaftssitze gegenwärtig noch Bestandteil der Landschaft und

Burgen wirken noch heute landschaftsprägend, ihre Bedeutung unterliegt einer geschichtlichen Entwicklung. Im Bild die Burgen Boymont, Hocheppan mit Kreidenturm und im Vordergrund Korb

Stätten kultureller Ausstrahlung. Mancherorts lässt sich die in ihnen einst gepflogene Wohn- und Lebenskultur aus höfischer Eleganz und schlichter Bodenständigkeit ablesen, andere werden als Landwirtschafts-, Gast- oder Übernachtungsbetriebe geführt oder als Sitz musealer Einrichtungen genützt. Die meisten der großen Burgen des Landes sind ganz oder teilweise öffentlich zugänglich. Nur etwa ein Zehntel der über 80 bewohnbaren mittelalterlichen Burgen befindet sich im öffentlichen Eigentum, so bildet das private nach wie vor die Regel, wobei etwa ein Fünftel noch immer auf adelige Familien und ein weiteres Fünftel auf kirchliche oder gemeinnützige Institutionen entfällt. Laut einer knapp zehn Jahre alten Umfrage sehen öffentliche Verwalter ihre Investitionsfreude in Erhaltungsmaßnahmen von wirtschaftlichen Überlegungen geleitet, private hingegen von einem starken Familien- und Traditionsbewusstsein. Tatsächlich hatte die Obrigkeit bei manchen Felsennestern aufgrund wehrtechnischer Neuerungen bereits im 16. Jahrhundert das Interesse an der Erhaltung verloren. Die Frage nach dem Denkmalwert einer Burg stellte sich vor allem ab dem Zeitpunkt, als der Burgenbesitz im 19. Jahrhundert in privates Eigentum umgewandelt wurde. Das damals erwachende Interesse an der Burg mündete im Wiederherstellungsversuch von mittelalterlichen Burgen oder eines verloren gegangenen Ritterideals. Darum bemühten sich vor allem Angehörige des meist ausländischen Bildungsbürgertums, darunter Aristokraten, Offiziere, Industrielle, Geistliche oder Gelehrte. Sie wandten oft erhebliche Geldmittel auf und verwirklichten unter Mitwirkung ausgezeichneter Kunsthandwerker fantastische Bauprojekte im historistischen Stil. Die Landschaft wäre heute um einige der „gut erhaltenen" Burgen ärmer, wäre die Leistung dieser „Burgenromantiker" ausgeblieben.

Die Südtiroler Landesverwaltung setzt Mittel zur Restaurierung und Nutzung von Burgen ein. Im Bild das Museum Ladin Ciastel de Tor in St. Martin in Thurn mit zeitgenössischem Zubau.

Links: Familien- und Traditionsbewusstsein tragen wesentlich zum Erhalt der Burgen bei. Schloss Lebenberg bei Tscherms

Rechts: Seit dem 19. Jahrhundert werden Burgen vermehrt als Denkmale der Geschichte aufgefasst. Während etliche Burgen „lediglich" eine Instandsetzung erfuhren, wurden andere im historistischen Stil neu aufgebaut. Im Bild die Brunnenburg bei Dorf Tirol

Trotzdem gab es berechtigte Kritik, die schon zu Beginn des 20. Jahrhunderts allzu freie „Restaurierungen" unterband und nach einer Untersuchung der Burg als „objektives Bauwerk" (Josef Weingartner) verlangte. Nach den Jahren des italienischen Faschismus und des Zweiten Weltkriegs machte eine 1955 erstmals gezeigte Burgenschau mit maßstabsgetreuen Modellen erneut auf die Südtiroler Burgen aufmerksam (seit 2005 Teil der Dauerausstellung *„Burgen – Bauwerke der Geschichte"* im Südtiroler Burgenmuseum Trostburg). Wenig später erschienen erste Burgenbeschreibungen für den interessierten Laien, auch in italienischer Sprache. Seit 1963 macht der Südtiroler Burgenverein (heute Burgeninstitut) auf die private und öffentliche Pflicht zur Erhaltung der Burgen als „Denkmale der Kunst, Zeugnisse der Geschichte und Kultur des Landes und wesentlicher Bestandteil der Landschaft" aufmerksam. Überzeugend wurde nachgewiesen, dass der private Einsatz für das kulturelle Erbe mit Hilfe der öffentlichen Hand Aussicht auf Erfolg hat, so folgten verschiedene Einzelinitiativen zur Erhaltung historischer Wohn- und Wehranlagen. Seit 1972 nimmt die Südtiroler Landesverwaltung die amtliche Denkmalpflege wahr und wacht über Restaurierungen und Bauprojekte, die das Amt mit finanziellen Beiträgen unterstützen kann.

Wovon berichtet das Denkmal „Burg"?

Ob in „urtümlichem" oder „zeitgemäß erneuertem" Zustand überliefert, wird eine Burg als Denkmal begriffen. Errichtung und Erneuerung, Erhaltung und Pflege, Verfall und Zerstörung beeinflussen ihren Denkmalwert seit Jahrhunderten. In welchem Ausmaß das eine zu Lasten des anderen wirken darf oder soll, obliegt der Entscheidung einer jeden Verwaltergeneration.
Schon der vorgeschichtliche Mensch suchte Stätten auf, die ihn vor Gefahren schützen sollten. Er fand die Geborgenheit im Kreise seiner Familie und Sippe, aber auch an verborgenen Plätzen in Erdsenken, in Felshöhlen oder an schwer zugänglichen Orten, etwa auf Inseln, Bergen oder sonstigen Anhöhen. Diese „frühen Burgen" sollten die Bedrohten in erster Linie (ver)bergen. Verbunden mit einer guten Aussicht, mag ihnen bereits eine gewisse strategische

Sprachgeschichtlich wird das Wort „Burg" mit dem Verb „bergen" in Zusammenhang gebracht. Castelfeder bei Montan

Bedeutung beigemessen worden sein. Etwa 40 mit Wällen und Palisaden geschützte Plätze sind in Südtirol nachweisbar, einige gingen in mittelalterlichen Burgen auf, andere – da ihnen auch kultische Verehrung zukam – wurden von christlichen Kirchen vereinnahmt. Aus der Römer- und Völkerwanderungszeit haben sich nur wenige Reste von befestigten Straßensiedlungen oder Bauwerken wie jenem von Castelfeder erhalten; dennoch führte die Bedrohung durch germanische Stämme ab dem 3. Jahrhundert auch zu einer verstärkten Befestigung ländlicher Niederlassungen. So wurden auf nahe gelegenen Anhöhen *Castra* errichtet. Von solchen berichtet etwa die *Historia Langobardorum* hinsichtlich des Frankeneinfalls des Jahres 590. Ohne Zweifel wurden derartige Anlagen aus einem gemeinschaftlichen Interesse errichtet, so dass die angrenzenden Höfe, die mit entsprechendem Besitz ausgestattet waren, auch für die Erhaltung der Anlagen aufkamen und die Burghut übernahmen. Im Jahre 827 wird ein *Castellum ad Uipitina* (Sterzing) genannt, zu dem verschiedene Dörfer gehörten, das sein Besitzer, ein gewisser Quartinus, dem Kloster Innichen schenkte. Offenbar war die einstige Fluchtburg einer zivilen Gemeinschaft mit einem Grundbesitz ausgestattet worden, über den ein Adeliger frei zu verfügen hatte und dem die Wohlfahrt und Sicherheit der Bevölkerung (*familia*) oblag. Der Schutzcharakter der Burg ist hier sehr deutlich auf die zivile, rechtliche und militärische Verwaltung der Bevölkerung eines Gebietes ausgedehnt und liegt in der Hand eines Herrn.
Zusätzliche Aspekte zum Verständnis der Burg in Südtirol ergeben sich aus der Gründung des Heiligen Römischen Reichs im Jahr 962 und aus der damit einsetzenden Verankerung bestimmter Machtgefüge wie jener des Quartinus, die in den folgenden Jahrhunderten eigenständige Gebiete hervorbrachten. Zuvor aber schuf das im Reich geübte Vorgehen der Belehnung eines Vasallen mit Besitz und Rechten gegen das Versprechen der Treue (v. a. Kriegsdienst) eine gestufte gesellschaftliche Rangordnung, die auf eine Obrigkeit ausgerichtet war. Diese wies sich über ihre Wehrfähigkeit aus. Mit der Umsetzung des ottonischen und später auch salischen

Reichskirchensystems in der Beauftragung geistlicher Würdenträger mit der Verwaltung weltlicher Aufgaben wurde der Klerus zur Wehrfähigkeit berufen, obwohl ihm diese nicht entsprach. Damit waren jene Geistlich, die mit weltlichen Aufgaben betraut waren, gezwungen, sich auf den Beistand Wehrfähiger zu verlassen. Solche politischen Beziehungen lösten anhaltende Auseinandersetzungen um die Vormachtstellung der beiden Mächte und um sie betreffende Rechtsstandpunkte aus. Die Machtdemonstration der beiden Parteien drückte sich nicht zuletzt im Burgenbau aus.

Die mit der Verknüpfung des deutschen Königtums mit der römischen Kaiserwürde verbundene Aufwertung der Alpenwege in den Süden schenkte dem Land im Gebirge wachsende Bedeutung. Dennoch wird die zweifellos vorhandene Kontrollaufgabe der Burg über Straßen für die Zeit des Burgenbaues oft auch überschätzt.

Die Entwicklung von der Fluchtburg zur Adelsburg war vorgegeben. In die Reihe der großen bischöflichen Dynastenburgen gehören die

Graf Meinhard II. von Tirol-Görz (1259–1295) unterdrückte die Selbständigkeit einzelner Herrschaften und verhalf dem späteren Tirol zur Landwerdung. Die Burg Tirol – Stammschloss der Grafen von Tirol

im 12. Jahrhundert (wohl neu) errichteten Sitze der Grafen von Eppan, von Tirol und von Andechs, denen als Inhaber der Vogteirechte über die Hochstifte Brixen und Trient besondere Bedeutung beigemessen werden muss. Ihre auffallend exponierte Lage sollte wohl den erlangten Herrschaftsanspruch unterstreichen, so wie auch die Namen der Burgen und der auf ihnen sitzenden Geschlechter mit dem der Herrschaft in der Regel übereinstimmten. Dies kann bei den Burgen der mit den Grafen ständisch ebenbürtigen Edelfreien ebenfalls beobachtet werden.

Auf Vermittlung des Papstes rüstete sich der europäische Adel im späten 11. Jahrhundert, um dem in türkische Bedrängnis geratenen oströmischen Kaiser zu Hilfe zu eilen. Unter dem Vorwand bewaffneter Pilgerzüge gelangten allerdings ungeordnete Heerscharen von Abenteurern und Eroberern ins Heilige Land, die sich reiche Kriegsbeute erwarteten. Die Kirche, deren Vertreter sich teilweise maßgeblich am Unternehmen beteiligten, bemühte sich, dem blutrünstigen Treiben ein Ende zu setzen: Sie stellte dem Rittertum ein christliches Ritterideal entgegen, das sich an den Kardinaltugenden orientierte und für Jahrhunderte prägend wirken sollte. Im Schwertkampf, hoch zu Ross, behaupteten sich auch Dienstmannen, die trotz ihrer unfreien Herkunft als angesehene Ritter in die Heimat zurückkehrten und mit Landgütern belehnt wurden. Sie bildeten einen eigenen, adelsähnlichen Stand, dem es im Gegensatz zum alten Adel möglich war, mehrere Lehensverhältnisse einzugehen und damit Besitz zu akkumulieren. Bis um das Jahr 1300 beteiligte sich etwa jede zehnte dieser Ministerialenfamilien am Burgenbau.

Kämpfe und Burgbelagerungen gehörten zur kriegerischen Auseinandersetzung, wenn zwei Adelige oder mächtige Ministerialen im Kampf um Rechte und Vorteile miteinander in Fehde lagen. Immerhin verlegte die Fehde das Kampfgeschehen in und um die Burgen, wodurch die zivile Bevölkerung nicht mehr unmittelbar in die Kampfhandlungen einbezogen wurde. Das Fehlen eines anerkannten Richters und damit eines souveränen Staates hatte diese Art der Streitbeilegung begünstigt. Im Heiligen Römischen Reich wurde die Fehde im Jahre 1555 endgültig abgeschafft. Die Landwerdung Tirols in der zweiten Hälfte des 13. Jahrhunderts hatte hierzulande derartige Fehden eingeschränkt, da die meisten Dynasten- und Ministerialenburgen ihren „adeligen Rang" einbüßten und der landesfürstlich-tirolischen Verwaltung und Gerichtsbarkeit einverleibt wurden. Unter Graf Meinhard II. von Tirol-Görz nahmen weitgehend Pfleger und Richter die Stelle der ehemaligen Herren ein.

Links: Die Fehde zwischen zwei Parteien endete nicht selten in Kämpfen und Burgbelagerungen. Burg Greifenstein, auch „Sauschloss" genannt

Rechts: Im 15. und 16. Jahrhundert kam es zur Verbesserung der Feuerwaffen. Der Festungsbau ging neue Wege. Die Haslacher Klause in Mühlbach

Schon bald aber sollten die Gerichtsherrschaften erneut, nun aber als landesfürstliche Lehen, vergeben oder verpfändet werden, so dass manche Familien wiederum einen angesehenen „dynastischen Anspruch" auf Burgen erheben konnten. Damit behielten einige Burgen ihre strategische und fortifikatorische Bedeutung bei, die sich fortan aber vor allem gegen äußere Feinde richten sollte. Im 15. und 16. Jahrhundert wurden verhältnismäßig viele Anlagen mit Vorwerken, Rondelltürmen und verstärkten Ringmauern an die Schlagkraft der verbesserten Feuerwaffen angepasst. Selbst im 17. Jahrhundert kam es noch zu größeren Investitionen bei Wehranlagen einzelner Burgen. Noch sehr viel länger waren auf Burgen und Schlössern Waffen zu finden.

Es war die Entwicklung des annähernd horizontalen Büchsenschusses, die die Wehrburg ab dem 15. Jahrhundert zu Fall brachte. Die hohen Mauern und Türme, die enge und verwinkelte Burgen bislang auszeichneten, wurden nun leichter getroffen und seitens der Verteidiger zum Hindernis beim Einsatz von Geschützen. Ab dem 16. Jahrhundert trennte sich der Festungs- vom Schlossbau, wobei in Südtirol beide Typen nur spärlich vertreten sind.

Kleinere Grundherrschaftssitze konnten im 11. Jahrhundert recht bescheiden ausfallen, so der hier seltene Burgtyp der *Motte*. Er bestand aus einem meist hölzernen Gebäude, das auf einem künstlich gerun-

Schloss Fischburg in Gröden – die vorgebliche Wehrfähigkeit wird durch aufgemalte Kanonenrohre dekorativ zum Ausdruck gebracht.

deten, oft mäßig hohen Burghügel errichtet und von einer Palisade umfriedet wurde. Die Ministerialensitze des 12. und 13. Jahrhunderts waren in der Regel bereits gemauert und konnten äußerlich einem bewehrten Bauernhof entsprechen oder als Turm oder *Hohes Haus* andere Gebäude einer Siedlung überragen. Entscheidend war ihre rechtliche Stellung, da dem *Festen Haus* zum Schutze der Grundholden ein allgemein geachteter Hausfriedensbezirk anhaftete. Die Bedeutung desselben war aber meist gering und konnte nur sehr

selten zu einem Freisassen- oder Bauerngericht ausgebaut werden. Hingegen bestand das bei Burgen wesentlich häufiger übliche eigenständige Burgfriedensgericht oft bis in das 19. Jahrhundert fort.
Eine in Tirol besonders verbreitete Form spätmittelalterlichen und frühneuzeitlichen adeligen Wohnens entstand aus den oben genannten Freisitzen einer kleinen Grundherrschaft oder Urbarsverwaltung. Die herrschaftlichen Rechte verhalfen dem Gebäude schon aus traditionellen Gründen zu einer rechtlichen Sonderstellung. Formell, aber oft ohne bedeutende unmittelbare Auswirkungen, konnte eine solche durch ein landesfürstliches Privileg noch im 16. und 17. Jahrhundert für Neubauten erwirkt werden. Für derartige neuzeitliche Freihäuser setzte sich neben *Stock* und *Ansiedel* vor allem der Begriff *Ansitz* durch. Meist in Verbindung mit der Erhebung einer Familie in den Adelsstand wurde ein Gebäude durch eine förmliche „Freiung" zum Ansitz erhoben, benamt und aus dem allgemeinen Gerichtszwang eximiert. Die nahe den Städten oft zahlreich entstandenen Ansitze waren ob ihrer Wohnqualität und schönen Lage äußerst beliebt. Ihr üblicher Baustil im Stile der Spätrenaissance ließ sie ortsbildprägend werden.

Der Wohnturm als Ministerialensitz des 12. und 13. Jahrhunderts ging in der Neuzeit oft in Ansitzen auf. Der Adelssitz Englar mit St.-Sebastian-Kirche

Bauzeit, Lage und Aufgabe prägen das äußere Bild einer Burg

Die Schutzfunktion einer Burg konnte nicht allein auf einen Fluchtort beschränkt bleiben, sondern verlangte nach zivilen und militärischen Wohn- und Verwaltungsgebäuden. Somit wird speziell das äußere Erscheinungsbild einer Burg, das auf Fernwirkung abzielt, von der Wehrfähigkeit gekennzeichnet sein. Die durch eine bestimmte Mauertechnik (z. B. Buckelquader, Mörtelfugenstrich) betonte Festigkeit der Mauern oder der Einbau vorgetäuschter „toter Winkel" waren ein beliebtes Mittel, um den Angreifer zu verunsichern; abschreckende Sagen und Schauermärchen konnten einen ähnlichen Zweck verfolgen. Bedeutsamer war die Lage einer Burg, dabei sollte das natürliche Gelände den größten Schutz bieten. Gegen den Berghang oder die schwächste Seite hin stand in der Regel an der höchsten Erhebung ein mächtiger Turm, der *Bergfried.* Dem Bergfried, in dessen unteren beiden Stockwerken sich häufig ein Verliesraum befand, kam als Ausdruck einer machtvollen Gerechtigkeit ein immenser symbolischer Wert zu. Der Zutritt erfolgte über einen so genannten Hocheingang in zweiter Etage, von wo die aussichtsreiche, erweiterte Wehrplatte erreicht werden konnte. Der Bergfried war damit selten in den Wohnbereich eingebunden. Manchmal wurde er aber zur Abwehr hoch fliegender Geschosse und zum Schutze dahinter liegender Gebäude zusätzlich von hohen Mauern flankiert. Das wenig wehrhafte Wohngebäude lag meist im Schatten des Turmes auf der natürlich geschützten Seite des Bauplatzes.

Der Aufbau einer Burg passt sich oft dem Gelände an und folgt praktischen Grundsätzen. Burg Taufers in Sand in Taufers

Ursprünglich als Saalbau angelegt, wurde der *Palas* im Laufe der Zeit nach den wohnlichen oder repräsentativen Bedürfnissen der Burgherren umgebaut, was sich bisweilen an vermauerten oder später aufgebrochenen Fensterreihen an den Fassaden ablesen lässt. Zinnen waren auf allen wichtigen Bauteilen üblich, doch konnte der Palas auch mit feinen Fenstersäulen ausgeschmückt sein.
Eine umlaufende Wehrmauer, die durch einen aufgesetzten Wehrgang gesichert werden konnte, umschloss den Burgbereich. Unterhalb der Wehrgänge befanden sich vielfach die *Wirtschafts- und Lagerräume*, gegebenenfalls eine *Pfisterei* (Backstube), eine *Badestube*, eine *Schmiede* und ein *Brunnenhaus*. Die *Burgkapelle* hat keinen fixen, in der Regel aber einen würdigen Platz im Bauplan und konnte innerhalb wie außerhalb der Hauptburg gelegen sein. Gelegentlich befand sich die Kapelle, der man schützende Kraft zuschrieb, nahe der Toranlage. Eingang und Torturm wurden zusätzlich durch Zugbrückenkonstruktionen und Halsgräben geschützt.

Bergfried und Palas unterstreichen die Macht und Würde einer Burg. Burg Reinegg in Sarnthein

Burgen und Ansitze in Bozen und Umgebung

Alexander von Hohenbühel

Burgen als Zeugen der Geschichte

Stefan Stablers zweiter Band der „Burgen und Ansitze" umfasst den Bezirk Bozen, die Talgemeinschaft Salten-Schlern, die Bezirksgemeinschaft Überetsch-Unterland und bezieht mit dem Nalser Ansitz Schönhaus, genannt „Stachelburg", bereits das Burggrafenamt ein wenig mit ein.

Während der römischen Herrschaft in den ersten nachchristlichen Jahrhunderten zählte dieses Gebiet zum Municipium Tridentum (Trient) in der Provinz Venetia und wurde in Folge der frühmittelalterlichen Völkerwanderung von Ostgoten, Franken, Langobarden und Baiern beherrscht und teilweise allmählich besiedelt. Nach dem 7. bzw. 8. Jahrhundert gehörte es dem Herzogtum Baiern an, wo verschiedene Grafen die Gerichtsbarkeit mit ihren Verwaltungsaufgaben ausübten. Die scheinbar geregelte Herrschaftsstruktur darf nicht darüber hinwegtäuschen, dass es sich dabei noch um kein geschlossenes Land handelte. So lebten neben bairischen auch langobardische Rechtsvorstellungen, Sitten und Gebräuche fort.

Um 944/45 stellte sich der Trienter Kleriker Adelard bei den castra Formicaria (heute Sigmundskron) Berengar von Ivrea in den Weg, als sich dieser von Schwaben kommend auf einem Feldzug gegen Süden befand, um König von Italien zu werden. Nach etlichen Verhandlungen gab der Bischof von Trient den Weg frei. Der Bischof hatte offenbar die Macht dazu. Daran änderte sich auch wenig, als er 1027 Graf von Trient wurde und die neu geschaffene Grafschaft Bozen als Lehen des Heiligen Römischen Reichs in Empfang nahm. Seit dem 12. Jahrhundert wird Formican oder Formian erneut als bischöfliche Verwaltungsburg fassbar. Nun saßen auf ihr Trienter Ministerialen, aus denen die Herren und späteren Grafen von Firmian hervorgingen. Von ihnen erwarb Herzog Sigmund von Österreich (1427–1496) den uralten Bauplatz. Er ließ die Burg zu einer modernen Festung ausbauen und schenkte ihr den klangvollen Namen Sigmundskron. Runde Basteitürme, wie sie im 16. Jahrhundert das Antlitz etlicher anderer Burgen prägen sollten, kündigten hier bereits ab 1473 den Übergang in ein neues Zeitalter des bewaffneten Kampfes an. Das damals moderne Geschützwesen stellte die Burg in ihrer überkommenen Form allgemein in Frage und löste allmählich den Festungsbau vom adeligen Wohn- oder Schlossbau heraus. Letzterer gab umgekehrt die bis dahin bestimmende Wehrfunktion auf und bediente sich einer bislang ungekannten Wohnkultur. Grund dafür boten nicht zuletzt gesellschaftliche Veränderungen, so dass neuere Bauwerke die gewandelten Anforderungen an die Eliten zum Ausdruck bringen konnten. Für die Festung Sigmundskron aber bedeutete dieser Wandel den Verfall zu einer beeindruckenden Ruine. Erst 1957 kam ihr eine neue, eine zeitgeschichtliche Bedeutung zu: Sie wurde Austragungsort einer für die Bevölkerung Südtirols bedeutsamen autonomiepolitischen Großkundgebung. Restauriert und durch zurückhaltende moderne Museumsarchitektur erschlossen bietet sie knapp 50 Jahre später Platz für eines der Bergmuseen von Reinhold Messner. Die Besucher

Sigmundskron an der Etsch, das einstige Formican, kontrolliert den Bozner Talkessel in strategischer Lage.

dürfen die gesamte Festungsanlage erwandern und genießen dabei einen guten Ausblick auf das Etschtal und den Bozner Talkessel mit dem Tschögglberg und dem Ritten.
Die eigentliche bischöfliche Residenz befand sich bis zu ihrer Zerstörung 1277 unter Graf Meinhard II. von Tirol-Görz in der Marktsiedlung Bozen. Eine Bronzetafel am Kornplatz bezeichnet ihre einstige Lage. Von den Trienter Burgen sind oberhalb von Leifers (St. Peter) die um 1165 erstmals genannte, 1270 aber zerstörte Burg Liechtenstein und oberhalb von Haslach die wohl um 1237 erbaute Haselburg zu erwähnen. Letztere wurde in der ersten Hälfte des 16. Jahrhunderts unter Michael von Völs neu befestigt und mit wertvollen Wandmalereien ausgestattet, verkam aber in Folge zur Halbruine, die noch als traditioneller Buschenschank aufgesucht wurde. Eine besondere Aufwertung erfuhr die „Haselburg" erst in jüngster Vergangenheit, als die historische Bausubstanz freigelegt und zur Geltung gebracht wurde, um sie mit modernen Nutzungsansprüchen eines Restaurantbetriebes zu verbinden. Der Dialog zwischen dem Denkmal der Geschichte und seiner aus der Tradition weiterentwickelten Nutzung ist spürbar, so dass der gewagte Wiederaufbau der Anlage in einer teilweise traditionellen, insgesamt aber betont zeitgenössischen Architektursprache harmonisch wirkt. Der genannte Michael von Völs war mit Regina von Cles verheiratet und damit ein enger Verwandter des Kardinals Bernhard von Cles (1485-1539), der als kunstsinniger Bischof von Trient die Ausbreitung der italienischen Renaissance in Tirol nachhaltig förderte. Auch Michaels älterer Bruder, der bekannte Landeshauptmann Leonhard von Völs, unterstützte diesen kulturellen Einfluss, was sich nicht zuletzt in seiner bereits 1517 ausgebauten Burg Prösels zeigt (vgl. auch Teil 1,

Die Haselburg bei Bozen wurde um 1237 von Trienter Ministerialen erbaut. Ausbauten des 16. und 20. Jahrhunderts prägen das Gebäude nachhaltig.

Eisacktal-Pustertal), die er mit einer – allerdings noch der Gotik verhafteten – Loggia schmücken ließ. Die nun vom „Kuratorium Schloss Prösels" betreute Burg in Völs am Schlern wird liebevoll gepflegt und steht Besuchern regelmäßig offen.
Eine weitere im 14. Jahrhundert von den Herren von Völs besessene Burg war jene von Karneid. Sie wurde zwischen 1387 und 1762

Links: Prösels bei Völs am Schlern, wehrhafte Mauern als Kulisse für Feste und kulturelle Veranstaltungen im unteren Eisacktal. Das gemeinsame Engagement privater und amtlicher Denkmalpfleger trug wesentlich zur Erhaltung des Baudenkmals bei.

Rechts: Burg Karneid auf einem natürlich geschützten Bauplatz; der Bergfried ist gegen die Angriffsseite im Nordosten ausgerichtet.

zum Hauptsitz der bereits erwähnten Herren und Grafen von Liechtenstein. Eindrucksvoll am Eingang des Eggentals gelegen, wird die Burg Karneid von ihrem heutigen Besitzer zumindest zeitweise der Öffentlichkeit zugänglich gemacht. Die bereits 1884 vorbildlich restaurierte Anlage, ohne allzu starke Beeinflussung durch den fantasiereichen Historismus der Epoche, beeindruckt durch einen fünfeckigen Palas mit Bergfried und durch großzügige Zwingerbauten aus dem 14. Jahrhundert sowie durch eine reich ausgemalte Burgkapelle.

Abgesehen von den Herren von Firmian, von Haslach oder von Liechtenstein gelangten noch weitere Ministerialen des Bischofs von Trient zu großem Ansehen, so entstanden etwa in Salurn (1165) oder Tramin (1214, 1255) bedeutende Ministerialensitze. Die Burgmannen von Weineck beispielsweise errichteten einen 1237 erwähnten Filiationssitz in Leifers, die Herren von Stein (Lapide), ebenfalls Ministerialen von Trient (und Brixen), die unterhalb von Siffian gelegene Burg Stein am Ritten, die heute in Ruinen liegt, einst sogar Gerichtssitz war. Den hohen gesellschaftlichen Rang dieser und anderer Geschlechter spiegeln zahlreiche Türme in Bozen wider, die heute allerdings großteils verbaut sind.

Stein am Ritten, eine ehemalige Gerichtsburg im Unteren Eisacktal

Neben dem Bischof von Trient als Inhaber der Grafschaftsgewalt gab es auch einen Adel, der rechtmäßig Herrschaftsgewalt besaß oder diese mit dem Bischof teilte. In Bozen sei das 1166 ausgestorbene Geschlecht der Vögte von Bozen und Grafen von Morit und Greifenstein genannt. Die Lage ihres Hauptsitzes Morit wird nach wie vor kontrovers diskutiert und mitunter mit Mareit bei Sterzing, mit dem späteren Kloster Gries (Muri) bei Bozen oder mit Greifenstein oberhalb von Siebeneich gleichgesetzt. Zu den mächtigsten Geschlechtern zählten die Grafen von Eppan, die sich im 12. und 13. Jahrhundert vor allem im Rücken der Burg Sigmundskron, im Gebiet westlich der Etsch behaupten konnten. Wahrscheinlich wurde ihr „Bezirk" von der Grafschaft Bozen ausgegliedert. Ihre kunstgeschichtlich bedeutendste Burg ist Hocheppan mit ihrem fünfeckigen Bergfried. Der hochmittelalterliche sakrale Freskenschmuck der wohl älteren Burgkapelle streicht die Einbindung der Grafen in einen hoch stehenden und weit vernetzten Kulturkreis heraus. Zu den Eppaner Burggründungen zählen ferner das heute weitgehend unbekannte Gruonsberg in der Nähe des

Weindorfes Girlan und das zumindest noch in sichtbaren Ruinen liegende Schloss Altenburg bei St. Pauls. An eine Dynastenburg der Grafen von Eppan lässt auch die auffällige, mit Bi- und Triforen geschmückte palastartige Burgruine Boimont in unmittelbarer Nähe zu Hocheppan denken, selbst wenn sich nach dieser Burg alsbald ein Dienstmannengeschlecht der Eppaner nannte. Ein möglicherweise älterer Sitz der Grafen von Eppan wird auf Doss bei St. Pauls kontrovers diskutiert. Ihre mächtigsten Ministerialen waren die Herren von Fuchs, die einst auf dem 1267 genannten, heute verlorenen Fuchsberg saßen, später aber auf Doss die groß angelegte Burg Freudenstein in die heutige Form brachten. Jedem Reisenden in das Überetsch stellt sich unmittelbar vor den Ruinen von Altenburg das in charakteristischer Moränenlandschaft gelegene und auf engem Grundriss errichtete Warth entgegen, ein 1267 erwähnter Dienstmannensitz der Eppaner. Neben den Eppaner Fuchs kam den Trienter Firmian ein besonderer Einfluss in Eppan zu; sie teilten sich die Patronatsrechte der Kirchen oder auch sonstige herrschaftliche Befugnisse. Zu ihren Sitzen zählten neben dem späteren Sigmundskron die Türme Altfirmian und Englar in Pigeno oder auch das nahe und 1255 erstmals genannte Moos an der Gleif. Der ursprüngliche Wohnturm lässt sich an den Mauern von Schloss Moos oder Schulthaus, wie es auch genannt wird, noch heute deutlich ablesen, obwohl es in späterer Zeit immer wieder ausgebaut und erweitert wurde. Das im Rahmen von Führungen zugängliche Gebäude ist ein Kleinod spätmittelalterlicher Wohnkultur, dessen reicher Freskenschmuck von kulturgeschichtlicher Bedeutung ist. Von den zahlreichen Türmen, die es in Eppan gab und die später häufig in sogenannten Ansitzen aufgingen, seien lediglich die von Korb, Pasch-

Moos-Schulthaus, Darstellung einer Burgbelagerung im „Mäusekrieg". Der Sieg der von Natur aus schwächeren Mäuse stellt die Macht der stärkeren Katzen in Frage.

bach und Aichberg sowie jener erwähnt, der 1550 von den Grafen Khuen von Belasi zum Gerichtsschloss Gandegg ausgebaut wurde. Ansprüche der Eppaner reichten über die heutigen Gemeindegrenzen weit hinaus. So werden zahlreiche Beziehungen zu Eppan greifbar, beispielsweise mit dem Welschtiroler Königsberg oder dem Kloster von St. Michael an der Etsch, mit Walbenstein und über Sarnthein (Reineck) bis Wolfsthurn bei Ratschings im Wipptal. Ebenso mit Eschenlohe im Ultental, mit der kühn gelegenen Burgruine Festenstein oder dem etwas tiefer gelegenen Wolfsthurn oberhalb von Andrian, mit der eindrucksvollen Burg Payrsberg bei Nals oder mit den verschiedenen Ministerialensitzen in Prissian. Eine für unser Gebiet untypische Entstehungsgeschichte hat die Burg Casatsch, da der Burgenbau dort 1194 keinem einzelnen Ministerialengeschlecht, sondern mehreren Bewohnern von Prissian und Tisens gestattet wurde. Sie hatten sich lediglich in Auseinandersetzungen zwischen den Eppanern und den Bischöfen von Trient neutral zu verhalten. Die hoch über dem Etschtal gelegene Ruine wurde vor wenigen Jahren von Bewuchs befreit und gesichert, so dass auch ein kleiner Museumsraum für Interessierte eingerichtet werden konnte.

Links: Payrsberg bei Nals – der Bergfried weist eine große talseitige Bogenöffnung auf.

Rechts: Casatsch (Pfeffersberg) – ihre Baugenehmigung datiert aus dem Jahre 1194.

Ried, eine Kernburg mit Buckelquadermauerwerk in ehemaliger Insellage

Ein weiteres hochrangiges edelfreies Geschlecht war das der Herren von Wangen, das mit den Herren von Burgeis im Vinschgau identisch ist und mit den Herren von Tarasp verwandt war, sodann wie die Grafen von Eppan 1166 die Herren von Morit beerbt haben dürfte. Der von der Grafschaft Bozen ausgegliederte Gerichtsbezirk Wangen dürfte seinen Sitz bei St. Peter in Wangen am Ritten oder wahrscheinlicher am Johanneskofel gehabt haben. Ministerialen der Herren von Wangen bzw. der Bischöfe von Trient dürften auch Ravenstein, das „Sarner Schloss", errichtet haben. Eine Sicherung der heutigen Ruine wird vom Heimatschutzverein Bozen angestrebt. Ein würdiges Bemühen, war die Burg im 17. Jahrhundert doch Sitz des bedeutenden „Heimatkundlers" Marx Sittich Freiherr zu Wolkenstein und Trostburg. Schon um 1200 ließen Ministerialen der Herren von Wangen die in ihrem äußeren Erscheinungsbild weitgehend unverfälscht erhalten gebliebene Burg Ried als Inselburg im Talferbett entstehen, eine Ausnahme unter den Südtiroler Burgen. Von burgenkundlichem Interesse ist einerseits der Typus der Kernburg, bei der der Palas eng an den zentralen Bergfried gelehnt wird; andererseits stellt das weitgehend geschlossene Buckelquadermauerwerk eine Besonderheit dar. 1209 erhielten die Herren von

Wangen die Baugenehmigung zur Errichtung eines weiteren Sitzes, der Burg Wangenbellermont in der Sarner Schlucht. Seine dynastische Bedeutung ist dem Bau deutlich anzumerken. Und schon bald nach seiner Fertigstellung kam es zwischen 1237 und 1242 zum Bau der mächtigen Burg Runkelstein. Nicht zuletzt durch die kunstsinnigen Besitzer der folgenden Jahrhunderte wurden die bewohnten Teile mit reichen Wandmalereien zu literarischen und heraldischen Szenerien geschmückt. Als „Bilderburg" wird Runkelstein heute seinen Besuchern präsentiert, nachdem die Burg im 19. Jahrhundert vor dem Verfall gerettet, 1893 von Kaiser Franz Joseph I. von Österreich der Stadtgemeinde Bozen geschenkt und hundert Jahre später umfangreich restauriert wurde.
Das Ende der Eppaner und anderer großer Adelsgeschlechter in der zweiten Hälfte des 13. Jahrhunderts ging mit dem Durchbruch der Grafen von Tirol einher, die als Vögte (advocati) der Bischöfe von Trient und Brixen und durch eine aggressive Territorialpolitik unter Meinhard II. von Tirol (1259–1295) landesherrliche Rechte erwarben. Bereits nach 1166 teilten sich die Grafen von Tirol und die Bischöfe von Trient die Grafschaftsgewalt in Bozen. Heinrich von Tirol strebte daher den Bau einer Burg in Sels bei Terlan an. Obwohl

Runkelstein, Darstellung einer adeligen Gesellschaft beim Ballspiel (Palas, Südwand)

das Vorhaben noch 1184 am Widerstand des Bischofs scheiterte, konnte es bis zum Jahre 1228 dennoch umgesetzt werden. Ein dort 1236 errichteter Zoll und der zum „Neuen Haus" gehörende Besitz (der auch Hocheppaner Güter mit einbezog) ließen um 1270 ein tirolisches Gericht Neuhaus mit dazu gehörender Klause (1288) entstehen. Der Zoll wurde bereits im 16. Jahrhundert als „mala tasca" („schlechter Sack") betitelt und ging als „Maultasch" spätestens seit 1774 auf die Neuhauser Klause und in Folge auf die (obere) Burg über, die seither besser als Maultasch bekannt ist. Da Herzogin Margarethe von Kärnten-Tirol (1318–1369), die bayerische Erbansprüche vereitelte, schon um 1366 mit dem Übernamen „Maultasch" bedacht worden war, kam es der literarischen Verarbeitung gelegen, die Burg Neuhaus zum „Lieblingssitz" der Herzogin Margarethe zu machen. Das Margarethen-Patrozinium der bereits 1322 genannten Kirche zu Klaus mag eine solche Entwicklung gefördert haben. In die Zeit der meinhardinischen Machtpolitik gehört auch die Erstnennung der Burg Maretsch in Bozen im Jahre 1275, die ihre heutige Gestalt mit einer Ringmauer und vier runden Ecktürmen weitgehend dem 16. Jahrhundert verdankt. Ihre damaligen Besitzer, die Herren Römer von Maretsch, hinterließen dabei einen reich ausgemalten Saal mit heraldischen Denkmälern, die Mitglieder der Familie als Angehörige des Malteser und des Deutschen Ritterordens ausweisen. Bemerkenswert (für die heutige Zeit) ist die weitgehend freie Lage der Burg in „Bozen Dorf", inmitten der Reblandschaften des Lagrein, nahe des Talferbetts. Die trotz allem bequeme Erreichbarkeit vom Stadtzentrum aus ließ in Maretsch ein beliebtes Tagungszentrum entstehen. Eine weitere schon 1222 als tirolisch bezeichnete Burg befindet sich an der Salurner Klause. Die heute in weiten Teilen zugäng-

Maretsch in Bozen im Schutze der Lagrein-Reblandschaft

lich gemachte Burgruine Haderburg (Salurn) besticht durch ihre Schwindel erregende Höhenlage „auf mehreren isoliert aus dem steilen Berghang aufsteigenden Felsköpfen aus Kalkstein" (Südtiroler Burgenkarte, 1995). Ebenfalls als Tiroler Lehen wurde im Jahre 1269 die kürzlich erst restaurierte Ruine Laimburg bei Pfatten ausgewiesen, während die Ursprünge der nahen Leuchtenburg oberhalb des Kalterer Sees auf wissenschaftlicher Ebene noch heftig diskutiert werden.

Im Südtiroler Unterland ist ein weiteres edelfreies Geschlecht zu nennen, nämlich das der Herren von Enn. Es hinterließ die herausragenden Burgen Caldiff bei Neumarkt (Vill) und Enn bei Montan. Während erstere nach einem Brand 1798 von den Herren Payr von Enn und Caldiff, die seit 1524 auf Caldiff wohnten, aufgegeben wurde, erfuhr Schloss Enn um 1880 unter den Grafen Zenobio-Albrizzi einen teilweise historisierenden Umbau. Die venezianische Familie erwarb die Burg (gemeinsam mit der Haderburg) 1648 und setzt sich noch heute für deren Erhaltung ein. Auch wenn die Burg in der Regel nicht öffentlich zugänglich ist, so ist sie doch auch von außen sehenswert.

Links: Caldiff oberhalb von Vill/Neumarkt

Rechts: Enn, eine Dynastenburg der edelfreien Herren von Enn

Ansitze als Zierde der Landschaft

Vor allem in Bozen und Umgebung kann kaum von den mittelalterlichen Burgen gesprochen werden, ohne nicht zusätzlich die neuzeitlichen Ansitze zu erwähnen. Ihre große Anzahl und ihr reizvoller Baustil, der oft als „Überetscher Stil" hervorgehoben wird, verleihen ihnen eine das Ortsbild prägende Bedeutung. Sind derartige Häuser mehrstöckig aus Stein gebaut, mit Freitreppen, Ringmauern, Zinnen, Türmchen oder hohen Walmdächern versehen, so werden sie leichter als Adelssitze identifiziert. Das Wesentliche des Ansitzes würde aber verkannt werden, schenkten die Architektur oder die Bauzeit einem Gebäude die Titulierung als „Ansitz". Das versteht sich allein schon daraus, dass sich die Entstehung der Ansitze nicht auf Südtirol, die Zeit der Renaissance oder des „Überetscher Stils" zwischen 1550 und 1700 einschränken lässt. Selbst der adelige Rang des Hausbesitzers war in dieser Hinsicht unbedeutend, umgekehrt konnte aber der Besitz eines Ansitzes die Erhebung seines Eigentümers in den Adelsstand begünstigen. Häuser wurden erst dann als Ansitze bezeichnet, wenn eine sogenannte „Freiung", das heißt eine landesherrliche Bestätigung der Befreiung eines Gebäudes von nachbarlichen Lasten, vorlag oder diesen Häusern von alters her eine entsprechende rechtliche Stellung zukam.

Im Mittelalter, als dem wehrfähigen Grundherrn auch richterliche Aufgaben über seine Grundholden zufielen, ergab sich eine Freistellung seines Sitzes beinahe von selbst. Den grundherrlichen Sitzen, wie sie in Burgen oder manchen Klöstern, aber mitunter auch in Türmen von Ministerialen zu entdecken waren, hafteten solche Rechte deshalb für gewöhnlich an. In der Neuzeit allerdings, als sich der Adel nicht mehr allein aus wehrfähigen Rittern, sondern auch aus Gelehrten oder verdienten Persönlichkeiten bäuerlicher oder bürgerlicher Herkunft rekrutierte, glaubte man anfänglich, den Adel zumindest mit dem Prinzip der Grundherrschaft verknüpfen zu müssen. Der Erwerb eines älteren Adelssitzes war hierfür mehr als nur förderlich. Die steigende Zahl von Adelswerbern erforderte es jedoch rasch, neue herrschaftliche Gebäude, die vorzugsweise auf den

Mauern älterer Adelssitze errichtet wurden, oder möglichst lastenfreie Häuser in Verbindung mit dem Besitz von zinspflichtigen Gütern (Gülten) als Ansitze anzuerkennen oder zu Ansitzen zu erheben. Der landesherrliche Gnadenakt konnte die Benamung des Hauses beinhalten, so dass der Adelswerber hiervon seinen Titel im Sinne eines Prädikats führen konnte. Als Beispiele dafür seien drei Häuser angeführt, die in die klassische Zeit der neuzeitlichen Ansitzerhebungen fallen: Zum einen der Ansitz der Prunner von Hirschprunn,

Links: Ringberg, ein klassischer Ansitz im Überetscher Stil, 1955–1985 Sitz der „Südtiroler Burgenschau" mit Burgenmodellen (heute auf Trostburg)

Rechts: Sallegg, ein im Stil des Historismus renovierter Ansitz in Kaltern

die 1597 in den Adelsstand erhoben wurden. Ihr stattlicher Ansitz wurde allerdings erst später in die heutige Form gebracht. Die nüchterne Renaissancefassade greift die italienische Palazzoarchitektur deutlich auf, unterbrochen von einem mächtigen mit Granatbuckelquadern gerahmten Portal zum Hauptplatz von Margreid. Zum anderen der heute unter dem Namen „Manincor" bekannt gewordene Ansitz Ehrenhausen in Kaltern, der 1608 für Hieronymus von Manicor und seine Nachkommen gefreit wurde, und schließlich der Ansitz Ringberg, ein markanter oberhalb der Kalterer Weinstraße gelegener regelmäßiger Viereckbau mit zwei polygonalen Eckerkertürmchen,

nach dem ab 1620 Johann Nikolaus Bonett sein neu erworbenes Adelsprädikat führen durfte. Das heutige Restaurant „Ringberg" war Burgenliebhabern zwischen 1955 und 1985 als Südtiroler Weinmuseum wegen seiner dort untergebrachten Burgenschau (heute auf der Trostburg bei Waidbruck im Eisacktal) ein Begriff.
Seit dem beginnenden 18. Jahrhundert wurden kaum mehr Ansitzerhebungen durchgeführt, zumal Nobilitierungen (in Österreich bis 1918) auch auf andere Art und Weise erlangt werden konnten. Für das standesbewusste Bürgertum und den Adel behielt der „Ansitz" als Familiensitz trotz allem seine Daseinsberechtigung. So ließ etwa Johann Nepomuk von Schasser noch im Jahre 1817 anstelle eines älteren Wohnturmes in Kaltern einen klassizistischen Bau aufführen, den er „Windegg" nannte. Die Nachahmung herrschaftlicher Dekorationen, wie die Anbringung von Wappen, Eckquadern oder Zinnen, oder die Beifügung von Bauelementen, die der Formensprache des Burgenbaues entlehnt wurden, wie Erker, Hocheingänge, Ringmauern und Türmchen, bleiben dennoch bis in die heutige Zeit beliebte Attribute der Villenarchitektur. Insbesondere während des Historismus des 19. Jahrhunderts erfuhren die Burg, das Schloss und auch der Ansitz, bereits als Architekturform verkannt, einen ungemeinen Aufschwung, der auch vor bestehenden Ansitzen nicht Halt machte. Eine grotesk-romantische Ausstattung erfuhr um 1870 der Turm zu Entiklar in Kurtatsch, ein ehemaliger Burghauptmannssitz. Der 1880 erfolgte Umbau von Schloss Enn in Montan fand bereits Erwähnung. Elegant und nüchtern fiel der für die Fürstin Campofranco zwischen 1900 und 1902 durchgeführte Umbau des Ansitzes Sallegg in Kaltern aus.

Windegg, ein 1817 anstelle eines älteren Adelssitzes errichteter klassizistischer Bau. Im 19. Jahrhundert geht der rechtshistorische Begriff „Ansitz" auf die neuzeitliche Villenarchitektur über.

Burg Runkelstein – Lanzenturnier

1 Burg Runkelstein

Die Burg der Bilder

König Ludwig I. ist einer Falschmeldung aufgesessen: Da hatte man ihm doch wahrlich gesagt, auf Runkelstein sei das Nibelungenlied dargestellt. Als der König von Bayern bei seiner nächsten Italienreise 1833 Halt in Bozen machte, war ihm aber schnell klar, dass der dargestellte Freskenzyklus Tristan und Isolde gewidmet ist.

König Ludwig war zwar anfangs enttäuscht darüber, dass nicht seine geliebten Nibelungen auf Runkelstein dargestellt sind, erkannte den Wert der vorgefundenen Fresken aber sehr wohl. Deshalb schickte er seine Hofarchitekten und -maler nach Runkelstein, um eine möglichst genaue Abzeichnung anfertigen zu lassen, zumal die Fresken von Runkelstein als Vorlage für Hohenschwangau in Bayern dienen sollten. Runkelstein beherbergt den umfangreichsten profanen Freskenzyklus aus dem Mittelalter, gemalt zwischen 1388 und 1410. Ritter, Hofdamen, das höfische Leben, Jagdszenen sowie Szenen aus der mittelalterlichen Literatur sind dargestellt. Breit und erhaben thront die Bilderburg auf einen Porphyrfelsen am Eingang des Sarntals. Die Bozner Burg, wie sie auch genannt wird, ist im Besitz der Gemeinde Bozen, auch wenn sie genau genommen zum Gemeindegebiet von Ritten gehört. Doch dies ist vielen unbekannt und so werden alle Bozner auf die Frage, welche Burg denn Bozen am würdigsten repräsentiere, kurz und knapp Runkelstein antworten. Runkelstein ist erst seit dem Jahre 2000 wieder für das breite Publikum geöffnet und erfreut sich eines regen Interesses – auch weil es bis heute seinen mittelalterlichen Charakter bewahren konnte.

Reigentanz – Südwand

Sehenswert

Die weit über die Grenzen Südtirols hinaus bekannten Fresken erstrecken sich über acht Räume. Das Sommerhaus wurde von den Gebrüdern Vintler, einer Bozner Kaufmannsfamilie, ab 1390 erbaut und besteht aus zwei Geschossen. Einst war das Gebäude innen und außen zur Gänze mit Fresken bemalt, Witterungseinflüsse sowie ein Mauerabbruch als Folge des Straßenbaus ins Sarntal in der Mitte des 19. Jahrhunderts haben die Malereien teilweise zerstört. Im Obergeschoss sind an der Außenmauer neun Triaden (Dreiergruppen) zu bewundern, unter anderem die drei größten Helden der Antike und des Alten Testaments (Hektor, Alexander der Große und Julius Cäsar sowie Josua, David und Makkabäus), drei bedeutende Könige des Mittelalters (Artus, Karl der Große und Gottfried von Bouillon) sowie drei Liebespaare. Von der Galerie tritt man ins sogenannte Tristan-Zimmer, das die Geschichte rund um das Liebespaar Tristan und Isolde, eine der beliebtesten Sagen des Mittelalters, darstellt. Im daneben liegenden Saal, dem Garel-Zimmer, wird die Geschichte des Artus-Ritters „Garel vom blühenden Tal" erzählt. Im Erdgeschoss des Sommerhauses befindet sich der Wigalois-Saal, ein offener Arkadensaal, der ebenso wie das Tristan-Zimmer einst mit Terraverdemalerei ausgestattet war. Im Westpalas befinden sich die Darstellungen verschiedenster höfischer Szenen: Jagdszenen mit Hirsch, Bär, Wildschwein, Gämse und Steinbock. Szenen mit Fischfang, Ballspiel, Reigentanz und Kolbenturnier (eine im Mittelalter beliebte Turnierform), aber auch gemalte Teppiche und Turnierszenen. Die zu besichtigenden Räume tragen so fantasievolle Namen wie Saal der Ritter, Kammer der Ritterspiele, Saal der Wappen (mit den Wappen der wichtigsten Adelsfamilien im Bozner Raum um 1400), Turniersaal, Saal der Liebespaare mit Kolbenturnier. Viele dieser Namen sind romantischen Ursprungs und entsprangen wohl dem Wunschdenken, dass die dargestellten Männer und Frauen allesamt Liebespaare seien. Zu den am besten erhaltenen Räumen zählt die sogenannte Badestube. Der Name des Raumes rührt wahrscheinlich daher, dass hinter vorgehaltenem Vorhang irrtümlich nackte Figuren identifiziert wurden; in Wahrheit handelt es sich um Vorzeichnungen, die nie vollendet wurden.

Steil am Felsen liegt Burg Runkelstein.

Geschichte

Die Brüder Friedrich und Beral von Wangen, Ministerialen des Bischofs von Trient, begannen im Jahre 1237 mit dem Bau der Burg, die nicht zuletzt zur Absicherung der bischöflichen Gebiete dienen sollte. Der Name leitet sich von „runchenstayn" ab und dürfte den „gerodeten Berg" bezeichnet haben. so wurde der Porphyrfelsen genannt, auf dem Runkelstein steht. Im Zuge der Auseinandersetzungen zwischen dem Bischof von Trient und den Grafen von Tirol wurde die Burg 1276 durch Meinhard II., Graf von Tirol-Görz, eingenommen und stark beschädigt.

Ein wichtiges Jahr für die Burg war 1385. Die Brüder Franz und Nikolaus Vintler, reiche Kaufleute aus Bozen und Vertraute der Habsburger, erwarben die Burg und begannen 1388 mit Umbau, Erweiterung und Ausmalung der Burg. Die Burgkapelle konnte 1390 geweiht werden. 1406 trat Herzog Friedrich mit der leeren Tasche in Tirol die Regierung an und sollte schon bald seine offene Feindseligkeit zu den Vintlern kundtun; trotzdem behielten die Vintler Runkelstein. In der zweiten Hälfte des 15. Jahrhunderts gelangte die Burg in die Hände Sigmunds des Münzreichen. Von diesem ging die Burg an den „letzten Ritter", Kaiser Maximilian I., über, der die Fresken durch den Maler Max Reichlich der Mode der Zeit entsprechend erneuern ließ.

Badestube – Nordwand

1520 wurde die Burg durch eine Pulverexplosion arg in Mitleidenschaft gezogen, sie wurde aber umgehend wiederhergestellt. Ab 1538 befand sich die Burg Runkelstein im Besitz der Grafen von Liechtenstein-Kastelkorn, die weitere Umbauarbeiten durchführen ließen. 1672 zerstörte ein Brand den Ostteil der Burg, der daraufhin nicht mehr erneuert wurde. Im Laufe des 18. Jahrhunderts wurde das Bauwerk zunehmend zu einer Ruine. Erst die Burgenromantik

Fresko Tristan und Isolde im Sommerhaus – Tristan als Drachentöter

des 19. Jahrhunderts konnte dem Verfall Einhalt gebieten. Josef von Görres erkannte als Erster den hohen künstlerischen Wert der Malereien und machte König Ludwig I. von Bayern auf diese aufmerksam (wenn auch mit dem falschen Hinweis auf das Nibelungenlied). 1833 stattete der König selbst der Burg einen Besuch ab und trug sich in das noch erhaltene Gästebuch ein. Nachdem Erzherzog Johann Salvator Runkelstein 1881 vom Hochstift Trient erworben hatte, schenkte er es 1883 Kaiser Franz Joseph, der die Burganlage von 1884 bis 1888 instand setzen ließ. 1893 übergab Kaiser Franz Joseph die Burg feierlich den Bozner Bürgern.

INFO

Burg Runkelstein
Kaiser-Franz-Josef-Weg
39100 Bozen
Tel. +39 0471 32 98 08
www.runkelstein.info

Stiftung Bozner Schlösser

Burgschenke mit warmer Küche

Öffnungszeiten:
Dienstag bis Sonntag von 10–18 Uhr

Montag geschlossen

Kostenpflichtiger Eintritt

Ermäßigungen für berechtigte Personenkategorien,
Gruppen ab 15 Personen nach Vereinbarung

Veranstaltungsort für Ausstellungen, Konzerte, und Theateraufführungen

Museumsshop

wandern

Oswaldpromenade–Eberle–St. Magdalena

Auf der Straße Richtung Sarnthein gelangt man zu dem auf Porphyrfelsen erbauten Schloss Runkelstein und kann hier sein Auto parken (ein kostenloser Shuttlebus verkehrt zwischen dem zentralen Waltherplatz in Bozen und dem Parkplatz bei Burg Runkelstein). Von dort erreicht man die Oswaldpromenade, indem man stadteinwärts entlang des Flusses spaziert, die erste Brücke überquert und so bei Schloss Klebenstein steht (15 Minuten). Der Spazierweg gewinnt in Serpentinen an Höhe und ermöglicht reizvolle Ausblicke auf Weinberge und Stadt. Nach etwa einer halben Stunde kommt man zur Gedenktafel des Förderers der Promenade, Karl Ritter von Mühler, und hier geht es hinab in den Bozner Ortsteil St. Oswald. Unser Weg führt eben weiter, vorbei am Gasthaus Eberle, und weiter nach St. Magdalena auf Prazöll. Das Kirchlein ist mit seinen Fresken aus den Jahren um 1370 einen Besuch wert. Abstieg zum Gasthof Schwarze Katz und über den Stadtteil Zwölfmalgrein zurück in das Stadtzentrum (von hier Shuttlebus nach Runkelstein).

Gehzeit: 2 Std.
Schwierigkeit: keine
Höhendifferenz: 140 m

2 Schloss Maretsch

Liegt da wie eine Wasserburg

Das Ungewöhnlichste gleich vorweg: Schloss Maretsch steht nicht auf einem Felsen, sondern in der Ebene an der Bozner Talferpromenade. Die Vermutung liegt nahe, dass es sich hier um eine der wenigen einstigen Wasserburgen Tirols handelt. Heute ist Schloss Maretsch beliebter Tagungs- und Veranstaltungsort.

Markantes Merkmal von Schloss Maretsch: die runden Ecktürme

Es werden die Weinfelder ringsum sein, vielleicht auch die Tatsache, dass Maretsch in unmittelbarer Nähe zum Stadtzentrum von Bozen liegt, dass Maretsch von den wenigsten als mittelalterliche Burg empfunden wird. Wer genauer hinsieht, wird aber entdecken: Es gibt einen Bergfried, eine Ringmauer und repräsentative Räume. Also doch eine Burg im klassischen Sinne, die wie so viele Burgen im Lande im Laufe der Jahrhunderte große Veränderungen erlebte und sich heute als Renaissanceschloss präsentiert. Das annähernd

Der überdachte Innenhof und der Hendlsaal mit Fresken

quadratische Schloss Maretsch liegt eng an der Wassermauer der Talfer friedlich da. Heute prägen insbesondere die vier runden Ecktürme – die allerdings nicht zur ursprünglichen Bausubstanz gehören – die Anlage. Den ältesten Teil bildet der viereckige Bergfried mit pyramidaler Bedachung, der nunmehr von der Anlage eingeschlossen wird. Beim Eintritt in die Schlossanlage fällt aber zunächst der schöne Renaissanceinnenhof auf, der heute zahlreiche Veranstaltungen beherbergt. Künstlerisch wertvoller sind die Innenräume, die Wandmalereien sakralen und mythologischen Inhaltes aufweisen.

Der Römersaal ist der kunsthistorisch wertvollste Saal.

Höhepunkte

Betritt der Besucher die Burg, so findet er sich in einem Innenhof wieder, der geprägt ist vom Arkadengang aus der Zeit der Renaissance. Er wurde vor wenigen Jahren überdacht, so dass er heute ein beliebter Austragungsort von Konzerten und sonstigen Veranstaltungen ist.

Als prächtigster und kunsthistorisch wertvollster Saal gilt zweifelsohne der Römersaal, dessen Ausmalung in der ersten Hälfte des 16. Jahrhunderts von Hans Jakob Römer in Auftrag gegeben wurde und wohl als Repräsentationssaal diente. Zu sehen sind unter einer reich verzierten Balkendecke das Salomonische Urteil, die Schlacht des Josua gegen die Amoriter, der Kampf zwischen David und Goliath, die Schlachten des Judas Makkabäus gegen die Syrer, jüdische Helden und ein lautenspielender David. In der Fensterseite und am angrenzenden Wandstück sind die Kardinaltugenden abgebildet: Glaube, Liebe, Hoffnung, Gerechtigkeit, Geduld, Stärke und Mäßigkeit. An der Ostseite ist die Burg selbst (Zustand nach dem Umbau von 1560) zu sehen; deutlich zu erkennen ist ein Wassergraben, der sie umgibt. Im südwestlichen Eckturm finden sich allegorische Darstellungen der freien Künste Grammatica, Dialectica, Rhetorica, Arithmetica, Musica, Geometria und Astrologia.

Geschichte

Der Flurname Maretsch geht auf das späte 12. Jahrhundert zurück, 1237 wurde erstmals ein Haus zu Maretsch erwähnt. Ab 1253 lässt sich ein Geschlecht nachweisen, das sich nach Maretsch nannte. Mit Daniel von Maretsch starb die Familie Mitte des 15. Jahrhunderts aus und in der Folge wechselten sich die Besitzer ab. Von großer Bedeutung waren insbesondere die Herren von Römer, die die Burg im Jahre 1477 erwarben und grundlegend erneuern ließen: Die mittelalterliche Burg wurde zu einem Renaissanceschloss. Der Palas wurde um ein Stockwerk erhöht, die beiden Untergeschosse mit Gewölben ausgestattet, die unterwölbte Loggia und die offene Bogenhalle errichtet. Auch der Bau der vier markanten Ecktürme stammt aus dieser Zeit, wie die Wappensteine an den Rondellen bezeugen (datiert 1562, 1563 und 1570). 1648 gelangte die Anlage schließlich in den Besitz der Grafen Thun, die Maretsch zwar beinahe 200 Jahre ihr Eigen nannten, aber keine wesentlichen Veränderungen durchführen ließen.

Zwischen 1919 und 1973 diente Schloss Maretsch als Aufbewahrungsort von Archivbeständen des Staatsarchives, 1974 wurde es schließlich von der Bozner Kurverwaltung erworben. Nach umfangreichen Restaurierungs- und Umbauarbeiten dient es heute als Kongress- und Veranstaltungszentrum der Stadt Bozen.

Info

Schloss Maretsch
Claudia-dè-Medici-Straße 12
39100 Bozen
Tel. +39 0471 97 66 15
www.maretsch.info

Stiftung Bozner Schlösser

Öffnungszeiten:
Nur auf Anfrage für Gruppen, sofern keine Veranstaltung abgehalten wird

Kostenpflichtiger Eintritt

Vermietung der Räumlichkeiten für Kongresse, Veranstaltungen, Feiern, Hochzeiten, Theater und Konzerte

wandern

Stadtspaziergang durch das historische Bozen

**Rathausplatz–Lauben–Museumsstraße–
Bozner Wasserpromenade–Maretschgasse–Wangergasse–
Franziskanergasse–Dr. Streitergasse–Bindergasse–
Rathausplatz**

Der Spaziergang führt durch das historische Bozen und nimmt seinen Anfang am Rathausplatz, unweit vom Zugbahnhof, am Beginn der Laubengänge. Die Laubengasse ist die Einkaufsmeile Bozens und meistbesuchte Straße der Stadt. Am Ende der Laubengasse befindet sich der Obstmarkt, an dem frisches Obst und Gemüse, Brot und Feinkost verkauft wird. Der Weg führt weiter durch die Museumsstraße, vorbei an zahlreichen Geschäften. Am Ende der Museumsstraße befindet sich an der Kreuzung zur Sparkassenstraße linker Hand das Ötzi-Museum. Von hier sind es nur wenige Schritte geradeaus bis zur Talferbrücke, von der die Wassermauerpromenade abzweigt. Entlang des Weges zwischen Blumen, subtropischen Pflanzen und Bäumen verschiedenster Art erreichen wir nach wenigen 100 Metern Schloss Maretsch; hier beginnen die Weinberge und es bietet sich ein prächtiger Blick zum Rosengarten. Die Wassermauer wurde als Schutzwall gegen Überschwemmungen der Talfer errichtet. Direkt an der Promenade führen Treppen hinunter in die Maretschgasse. Wir nehmen den Weg linker Hand entlang der Mauer und sind schon nach 200 Metern von dem Eingangstor von Schloss Maretsch. Von hier gibt es zwei Möglichkeiten: entweder wieder zurück in die Maretschgasse und von dort in die Wangergasse oder über den öffentlichen Parkplatz über die Claudia-de-Medici-Straße in die Wangergasse. Weiter linker Hand in die Franziskanergasse und über die Dr.-Streitergasse und die Bindergasse (rechts) zurück zum Rathausplatz.

Gehzeit: 1 Std. (reine Gehzeit ohne Aufenthalte)
Schwierigkeit: keine
Höhenunterschied: keiner

Eine wunderbare Aussicht hat man von der Burgterrasse auf die Stadt Bozen.

3 Haselburg

Eine Burg zum Feiern

Lange Zeit marodierte die Burg oberhalb des Bozner Stadtteils Haslach dahin, allein gelassen, von den Boznern fast schon vergessen. Dann aber wagten Investoren die „Rückeroberung der Burg“, die kühn senkrecht auf einem gegen das Etschtal abbrechenden porphyrnen Felssporn steht. Das Schloss sollte wieder „für Bozens Bürger zugänglich gemacht werden, ohne zur Touristenattraktion oder zum Rummelplatz zu werden“.

Seit der Neueröffnung im Jahre 2002 wechselten bereits mehrmals die Pächter der Burganlage bzw. des darin untergebrachten Restaurants. Bei unserem Besuch hielten es die Pächter mit einer geradlinigen, ehrlichen Küche: Lammkoteletts, Rindsfilet, diverse Knödel, Rindsgulasch, Risotti, frisch zubereitete Teigwaren sowie hausgemachte Kuchen. Serviert wird in den verwinkelten, heimeligen Ecken der Burg bzw. in rustikalen, gemütlichen Stuben. Augenmerk sollte auf den schlosseigenen Zweigelt gelegt werden, der direkt an den Rebhängen rund um die Burg angebaut wird. Geboten

Auf dem Weg zum hölzernen Eingangstor und Sitzgelegenheiten im Innenhof

wird aber nicht nur körperliche Nahrung, sondern auch geistige in Form von Dichterlesungen, Konzerten, Künstlerausstellungen. Zudem eignet sich die Haselburg auch für Tagungen und Seminare sowie für private Feiern.

Geschichte

Die erste Erwähnung der Burg, die zunächst lediglich einen Palas, eine Ummauerung desselben sowie laut archäologischer Funde auch einen Bergfried aufwies, fällt ins Jahr 1177. Nach mehrmaligem Besitzerwechsel gelangte die Burg 1474 in den Besitz der

Legende

Der Glockenschatz auf der Haselburg

Im 19. Jahrhundert gab die arg heruntergekommene Burganlage Anlass zu allerlei Schauergeschichten, Sagen und Märchen. Unter anderem erzählte man sich folgende Geschichte:
Auf der Haselburg bei Bozen lebte ein reicher und frommer Ritter, der mit den Kreuzfahrern ins Heilige Land zog. Vorher aber ließ er einen großen Teil seines Goldes einschmelzen und in zwei hohle kupferne Kugeln gießen, die er dann rechts und links vom Schlosstor als Zierde hinstellte. So, dachte er, würden sie am wenigsten auffallen und das Gold würde sicher sein. Während seiner Abwesenheit wurden die scheinbar wertlosen Kugeln allerdings weiterverarbeitet: Aus ihnen wurde nämlich die große Glocke in der Bozner Dominikanerkirche gegossen, deren Klang laut der von Heyl überlieferten Legende „so bezaubernd" war, „dass das Herz des Ritters tief ergriffen wurde".

Jägerstube: hier wird stilvoll getafelt.

Herren von Völs, die grundlegende Um- und Erweiterungsbauten durchführen ließen: Die ursprünglich romanische Anlage des ehemaligen Westtraktes wurde überbaut, eine Doppelarkadenhalle im Ostflügel errichtet, weiters wurde der Palas neu erbaut. Die alte Wehrmauer, welche den Erfordernissen der Zeit nicht mehr entsprach, wurde abgetragen und neu aufgebaut. Auch das heutige Tor mit rautengeschmückter Steinrahmung geht auf die erste Hälfte des 16. Jahrhunderts zurück. Zudem ließen die Herren von Völs alle wichtigen Räumlichkeiten mit reichen Freskenmalereien schmücken – ganz dem höfischen Glanz jener Zeiten verpflichtet.

Rittersaal und Teilansicht der Burg

Unerwartet stürzte 1880 der Palas ein, als ein Stück Fels wegbrach: Die Burg verfiel zusehends. Die große Kehrtwende kam erst 2001/2002, als sich eine Investorengruppe um den Unternehmer Heiner Oberrauch der wunderschön gelegenen Burg annahm und sie von Grund auf renovieren ließ. Um der Anlage die alte, dreiflügelige Grundform wiederzugeben, wurde auch der Palas zu rekonstruieren versucht. Im Untergeschoss im Bereich des ehemaligen Burginnenhofes wurden alte zugeschüttete Keller wieder freigelegt und in einen großen unterirdischen Saal eingebunden, in dem auch die Basis des einstigen Bergfrieds noch erkennbar ist. Heute wird der Saal als Festsaal genutzt, in dem bis zu 150 Personen Platz finden.

INFO

Haselburg
Kuepachweg 48
39100 Bozen
Tel. +39 0471 40 21 30
www.haselburg.it

Burgrestaurant und Kulturburg

Ganzjährig geöffnet

Ruhetage:
Sonntag Abend und Montag

Mittags und abends warme Küche

Regelmäßige Veranstaltungen und Ausstellungen

Besichtigung nicht möglich

wandern

Leiferer Höhenweg

Ausgangspunkt dieses interessanten Höhenwegs, der einige leichte Kletterpassagen aufweist, ist Leifers. Zunächst folgt man etwa 4 km der Fahrstraße ins Brantental zum Gasthof Zur Mühle. Dort beginnt der Weg Nr. 12 nordwärts zum Gasthof Schwabhof. Weiter über einen schmalen, gesicherten Pfad durch die Wände des Brantentales mit herrlichem Rundblick über Leifers und das Südtiroler Unterland. Vorbei am Hocheggerhof und am Brunnerhof führt der Weg zu den Steinerhöfen und in die Schlucht des Steinmannbaches. Am Alplerhof über die Forststraße zum Altebnerhof, Gasthof Rechtebner und weiter nach Seit. Unterhalb des Kirchleins von Seit beginnt der Weg Nr. 3, der zur Haselburg führt. Nach einer Einkehr ist es nicht mehr allzu weit bis zum Bozner Stadtteil Haslach. Mit dem Bus Nr. 2 kann man wieder zum Ausgangspunkt in Leifers zurückkehren.

Gehzeit: 6 Std.

Schwierigkeit: trotz Kletterpassagen insgesamt einfache, aber lange Wandertour

Höhenunterschied: 650 m

Gleich einem Wächter liegt Burg Karneid hoch oben am Eingang des Eggentales.

4 Burg Karneid

Die Künstlerburg von einst

Die Burg Karneid ragt auf einem steilen Felsen auf – und trotzdem nehmen sie wenige wahr. Das mag wohl daran liegen, dass ihre Burgtore bis vor wenigen Jahren noch für die Öffentlichkeit verschlossen blieben. Dies hat sich nun geändert und ein Besuch ist auf alle Fälle lohnenswert: Burg Karneid verbirgt zahlreiche kunst- und kulturhistorische Besonderheiten hintern den dicken Mauern.

Während der Betrachter von Bozen und von Karneid aus eine stolze, herrschaftliche Burg vor sich hat, scheint sie von der Eggentaler Schlucht aus gesehen eine trotzige, uneinnehmbare Festung. Die einstige Verwaltungsburg, die vermutlich auch der Gemeinde Karneid ihren Namen gegeben hat, ist der Stolz der Karneider – auch wenn sie diesen Stolz bisher kaum ausleben konnten, war die in Privatbesitz befindliche Burg doch bis 2006 für die Öffentlichkeit nicht zugänglich. Dank umsichtiger Überlegungen seitens der Besitzerfamilie von Malaisé und der Gemeinde Karneid, die sich an den Restaurierungsarbeiten der weitläufigen Burg beteiligt, hat sich dies nun geändert.

Geschichte

Die Burg, deren Erbauer nicht eindeutig festzustellen sind (möglicherweise die Herren von Völs, in deren Besitz die Burg bis 1387 nachweislich ist), dürfte um die Mitte des 13. Jahrhunderts errichtet worden sein: Sie besteht aus Bergfried, Palas, Wohnturm, Ringmauer und Burgkapelle. Im späten Mittelalter zog ein Brand die Burg arg in Mitleidenschaft, diese wurde aber unverzüglich wieder aufgebaut und gar erweitert. Im Laufe der Jahrhunderte erhielt Burg Karneid mehrere Zubauten, so etwa im 14. Jahrhundert einen Zwinger und im 16. Jahrhundert den heutigen Eingang, die beiden Tortürme, die Ausgestaltung der Höfe, die Einwölbung der Kapelle sowie die Erhöhung aller Bauteile. Den Herren von Völs folgten als Besitzer der Burg der Landesvogt Heinrich Gessler und schließlich die Herren, später Grafen Liechtenstein, die bis zu ihrem Aussterben 1762 die Burg ihr Eigen nennen konnten. 1884 erwarb Ferdinand von Miller, ein bayerischer Burgenliebhaber und Bronzegießer, die Burg. Er erneuerte und renovierte die Burg und verlieh ihr einen neuen Glanz. Die Einrichtung ist bis heute erhalten geblieben und überrascht durch einige Exotika. So ist beispielsweise ein Flusspferdkopf-Leuchter im Rittersaal zu bestaunen. Diese außergewöhnlichen Einrichtungsgegenstände sollten wohl die Weltläufigkeit der damaligen Besitzerfamilie zum Ausdruck bringen. Außergewöhnlich ist aber auch, wie Ferdinand von Miller die seit 1620 leerstehenden und komplett ausgeplünderten Räume wiederbelebt hat. Als Kunstliebhaber und -experte lud er zahlreiche Künstlerkollegen aufs Schloss, um hier zu arbeiten und zu leben. Sechs Küchen, verteilt aufs ganze Schloss, machten ein autonomes Leben und Arbeiten möglich. Einzige Bedingung Millers: Sie mussten Kunstwerke mitbringen als Geschenk für die Burgeinrichtung. 1970 übernahm Ferdinand von Malaisé, der Schwiegersohn von Miller, die Burg. Seit 1973 ist nunmehr Christoph von Malaisé Eigentümer.

Die von Millers

Ferdinand Miller (ab 1853 von Miller) war ein deutscher Bronzegießer, der mit seiner Handwerkskunst Weltruhm erlangte. Als wohl bedeutendsten Werk gilt die überlebensgroße Figur der Bavaria in München im Auftrage König Ludwigs I.; aber seine Werke sind heute auch in den USA (Reiterstatue von George Washington, Tore

Luftaufnahme Burg Karneid mit Eggentaler Bachbett und Straße

sage

Der Karneider Geisterritt

Als einst die Pest durch die Lande zog und auch das Bozner Tal mit ihrem giftigen Hauch in einen großen Friedhof verwandelte, lebte auf Schloß Karneid, hoch über dem Eingang ins Eggental, ein Ritter namens Ruprecht. In seiner Angst vor der Pest schloß sich der Burgherr mit den Seinen vollständig von jedem Zuzug ab und gelobte feierlich, daß er mit allen seinen Reisigen und Knappen in Wehr und Waffen nach Weißenstein pilgern werde, wenn der Schwarze Tod an den Toren Karneids vorübergehe. Wirklich verschonte die Pest das hochgelegene Schloß. Ritter Ruprecht atmete auf, vergaß aber bald in neuerwachter Lebenslust sein Gelübde. Doch wenige Jahre nachher ereilte den Ritter die Strafe des Himmels. Eine ansteckende Krankheit drang in das Schloß ein und streckte Ruprecht samt seinem Gesinde in wenigen Tagen auf die Totenbahre.

Nach Jahr und Tag regte sich zur Geisterstunde gespenstiges Leben im Schloßhof von Karneid. Rosse wieherten, Rüstungen klirrten, und durch das geöffnete Tor sprengte ein geisterhafter Zug über den Berg hinab. Voran trug der Vogt das Kreuz, der Torwart schwang die Fahne, und von den Hufen der Rosse stoben im scharfen Ritt helle Funken. Hinauf sprengten die Reiter den steilen Weg von Leifers gegen Weißenstein, und als die erste Morgenstunde schlug, war der Zug vor der Wallfahrtskirche angelangt. Ritter und Reisige sprangen von den Pferden. Knochen klapperten, Totenschädel grinsten aus den geöffneten Helmvisieren, unheimlich starrten leere Augenhöhlen in die Nacht. Vor dem Gnadenbild sank die gewappnete Totenschar in die Knie, Ruprecht und die Seinen schlugen in tiefer Reue ihre Knochenhände an die gepanzerte Brust. Da nun das Gelübde erfüllt war, wandelten sich die Gerippe in weiße Tauben, erlöste Seelen, und flogen durch die offenen Fenster der Kirche gen Himmel.

(aus: Karl Paulin, Die schönsten Tiroler Sagen, Innsbruck 1940)

im Kapitol von Washington, D.C.) oder in Venezuela zu bewundern. Oskar von Miller, ein Bruder Ferdinands, ist als Wasserkraft- und Strompionier bekannt. Unter anderem ist er auch der Projektant, Erbauer und Konstrukteur des E-Werkes Töll, des ersten Großkraftwerks Südtirols. 1908 reichte er auch bereits fertige Pläne für ein Kraftwerk Kardaun in Wien ein. Der Erste Weltkrieg verhinderte diese Pläne, die dann in der Folge von den Italienern aufgegriffen wurden und zum Bau des Kraftwerks in Kardaun führten. Oskar von Miller ist auch Gründer des Deutschen Museums im München.

Die Burgkapelle

Dem Bergfried vorgelagert ist eine Kapelle, die als kulturhistorisches Prunkstück gilt und der hl. Anna oder der hl. Maria (das ist nicht ganz geklärt) geweiht ist. Die frühgotischen Fresken stammen aus der Mitte des 14. und aus dem Beginn des 15. Jahrhunderts. Für Südtirol einzigartig ist wohl die Abbildung des Jesukindes als Schuljunge mit einer Art Schultasche, das von der Mutter Gottes begleitet wird. Weiters sind die Opfer Kains und Abels, wahrscheinlich die Bischöfe von Brixen, Johannes der Täufer sowie einige Apostel dargestellt, von denen allerdings lediglich zwei erhalten sind, da die Apsis in die Tiefe gestürzt ist. Auffallend ist auch, dass eine Reihe von Schutzpatronen abgebildet ist, die für die Landwirtschaft eine große Rolle gespielt haben. Dies ist verständlich angesichts der Tatsache, dass einst fast alle in der Landwirtschaft tätig waren.

Ein mächtig wirkender Palas umgibt den Burgfried der Burg. Gotische Zwingeranlagen bieten weiteren Schutz.

Die Restaurierung der Burgkapelle und die Freilegung der Fresken im Jahr 2005 ist dank der finanzkräftigen Unterstützung der Messerschmitt-Stiftung und des Denkmalamtes zustande gekommen.

INFO

Burg Karneid
c/o Gemeinde Karneid
Tel. +39 0471 36 13 00

Öffnungszeiten (nur mit Führungen): April, Mai und Juni sowie September und Oktober ausschließlich an Freitagen um 15 und 16.30 Uhr

Führungen mit telefonischer Voranmeldung unter der Rufnummer +39 0471 36 13 00

Treffpunkt bei der Einfahrt zur Burg bei der Abzweigung von der Landesstraße

Parkmöglichkeit besteht im Dorfzentrum von Karneid (Fußweg zur Burg entlang der Landesstraße ungefähr 10 Minuten)

Für interessierte Schulklassen besteht die Möglichkeit einer Führung auch am Freitagvormittag

Kostenpflichtiger Eintritt, Ermäßigung für Studenten bis 25 Jahre, Senioren ab 65 Jahre sowie Grund-, Mittel- und Oberschüler

wandern

Rittersteig: Steinegg–Karneid–Steinegg

Bei der Gemischtwarenhandlung Resch Market in Steinegg startend folgt man dem Weg Nr. 2 in Richtung Ölkreuz und Walderlebniszone Öl. Immer der Markierung Nr. 2 folgend, weiter zum Peststöcklein und auf der alten Steinegger Straße bis oberhalb des Wasserreservoirs, wo der Rittersteig beginnt. Diesem folgend hat man einen schönen Blick ins Eisacktal, im Dorfkern von Karneid begegnet man einem tausend Jahre alten Kastanienbaum. Nach kurzem Aufstieg erreicht man die Burg Karneid. Rückkehr ins Dorfzentrum von Karneid: Von dort entweder (A) auf dem Weg Nr. 1 bis nach Kardaun und mit dem Linienbus nach Steinegg zurück oder (B) bis zum Hofschank Wiedenhof der Markierung Nr. 1 folgend aufsteigen (Teerstraßen mit beträchtlichem Höhenunterschied) und von dort über den Weg W und in weiterer Folge Nr. 2 zurück ins Dorf Steinegg.

Gehzeit: Variante A gut 2 Std., Variante B 5 Std.

Schwierigkeit: schwer

Höhenunterschied: 600 m (Variante B)

5 Schloss Prösels

Wo einst Hexen der Prozess gemacht wurde

Jahr für Jahr findet am Hochplateau unterm Schlern der weit über die Grenzen des Landes hinaus bekannte Oswald-von-Wolkenstein-Ritt statt, der die mittelalterliche Welt der Ritter, Burgfräulein, Ritterspiele, Mägde und Essgelage für kurze Zeit wieder aufleben lässt. Wagemutige Reiter kämpfen mit ihren Rössern um Ehre und Ruhm; das letzte Turnierspiel sowie die Siegerehrung und das abschließende Fest werden direkt vor den Mauern von Schloss Prösels ausgetragen.

Schloss Prösels bei Nacht

Das romantisch gelegene Schloss Prösels ist schon von weitem sichtbar. Es thront hoch über dem Eisacktal auf einem vorgeschobenen Felskopf, dort, wo der Weg vom Prösler Ried Richtung Mittelgebirge in den uralten Höhenweg Tiers-Breien-Völser Aicha-Völs mündet. Die bewachsenen Flanken fallen steil zum tiefen Graben des Schlernbachs ab. Nur von einer Seite her führt ein flacher Wiesensattel zum Schloss und ermöglicht einen bequemen Zugang.

Kulturelle Veranstaltungen werden regelmäßig auf Schloss Prösels veranstaltet.

Geschichte

Schloss Prösels dürfte um 1200 von den Herren von Völs, Ministerialen (ritterliche Dienstleute) der Bischöfe von Brixen, erbaut worden sein. Die erste urkundliche Erwähnung als „castrum Presil" fällt ins Jahr 1279. Wie einer Inschrift über dem äußeren Burgtor zu entnehmen ist, verdankt die Schlossanlage ihr heutiges Aussehen hauptsächlich Leonhard von Völs, der die Burg am Beginn des 16. Jahrhunderts zu einem repräsentativen und mit modernster Wehrtechnik ausgestatteten Schloss umgestalten ließ. Zudem ließ er auch eine der hl. Anna geweihte Burgkapelle errichten. Die Form des Portals und des Netzrippengewölbes legen eine Datierung ins 3. Jahrzehnt des 16. Jahrhunderts nahe. Die Kapelle stellt heute sicherlich einen Höhepunkt der Schlossbesichtigung dar.

Seit dem Aussterben der Familie Völs-Colonna im Jahre 1804 wechselte das Schloss nicht weniger als 14 Mal die Eigentümer. Die Burg verfiel zunehmend und wurde nur notdürftig immer wieder restauriert. 1844 schrieb der Tiroler Topograph Johann Jakob Staffler, das Schloss sei nur mehr „ein großartiges Grabmonument untergegangener Herrlichkeit". Nach dem Tod des letzten Besitzers, Alois

Mathá aus Andrian, 1978 war es schwer, einen Käufer zu finden. 1981 schloss sich schließlich eine Gruppe von Interessenten zusammen und gründete die „Kuratorium Schloss Prösels GmbH". Nach den Restaurierungsarbeiten im Jahr 1982 sorgte das Kuratorium für neues Leben auf Schloss Prösels. Während der Sommermonate finden neben Schlossführungen zahlreiche kulturelle Veranstaltungen statt wie Konzerte, Ausstellungen und Theateraufführungen.

Waffensammlung

Die Waffensammlung im Pfeilersaal zählt sicherlich zu den Besonderheiten von Schloss Prösels. Den südlich gelegenen Palas der alten Burg ließ Leonhard von Völs gegen Nordosten erweitern und gewann so die sogenannte Pfeilerstube, deren Gewölbe auf vier achteckigen Sandsteinpfeilern aufliegt. Zu sehen ist hier die Waffensammlung des Franz Anton von Kofler, vorwiegend Gegenstän-

Einer der Höhepunkte auf Schloss Prösels: die Waffensammlung

Legende

Am 7. Juli 1506 fand auf Schloss Prösels der erste Hexenprozess Tirols statt. Eine Magd aus der Umgebung war angeklagt worden. Nach mehrmaliger Folter legte sie ein Geständnis ab und erzählte von Treffen mit anderen Frauen, von nächtlichen „Ausfahrten" auf die Villanderer und Seiser Alm. Die Rede ist, glaubt man den Prozessakten, von Milchzauber und von einem magischen Abmelken von Kühen. Obwohl nicht eindeutig nachzuvollziehen ist, mit welcher Strafe sie belegt wurde, müssen wir davon ausgehen, dass sie entsprechend der geltenden Malefiz-Ordnung am Scheiterhaufen verbrannt wurde. Ähnlich erging es mindestens 27 weiteren Frauen, aber auch zwei Männern, denen man Ketzerei vorgeworfen hatte. Ein weiterer Hexenprozess auf Schloss Prösels fand 1510 statt. Heute erinnert ein Mahnmal vor dem Schloss an diese düsteren Begebenheiten.

de aus dem 19. Jahrhundert, die teilweise von den Schlachtfeldern von Solferino und Custozza stammen. Die Sammlung umfasst aber auch Stücke, die bis in die Zeit von Leonhard von Völs zurückreichen. Zudem ist auch eine Rüstung eines Samuraikämpfers zu bestaunen.

INFO

Schloss Prösels
Prösels 21
39050 Völs am Schlern
Tel. +39 0471 60 10 62
www.schloss-proesels.it

Schlosscafé

Führungen: täglich außer samstags vom 1. Mai bis 31. Oktober; im Mai und Oktober um 11, 14 und 15 Uhr; im Juni und September um 11, 14, 15 und 16 Uhr; im Juli und August um 10, 11, 15, 16 und 17 Uhr

Samstag geschlossen

Kostenpflichtiger Eintritt, Ermäßigungen für Kinder und Gruppen ab 20 Personen

Veranstaltungsort für Konzerte und Theater, Ausstellungen und Feiern

wandern

Völs–Schloss Prösels

Von der Bushaltestelle (auch ausreichend Parkmöglichkeiten vorhanden) von Völs folgt man der Straße nach Obervöls und Ums, bis nach knapp 10 Minuten zur Rechten ein Weg mit der Markierung Nr. 6 abzweigt, der nach Prösels führt. Der Weg zieht sich durch steile Wiesen, überquert den Völser Bach und bietet einen schönen Ausblick auf den Bozner Talkessel. Folgt man immer dem Weg Nr. 6, erreicht man bald die Straße von Ums nach Prösels. Weiter wandert man stets auf dem Weg Nr. 6 durch offene Felder und gelangt nach Prösels und zum gleichnamigen Schloss.

Gesamtzeit: ½ Std.

Schwierigkeit: leicht

Höhenunterschied: gering, doch mit steil abfallenden und dann ansteigenden Teilstücken

6 Schloss Sigmundskron

Das Vermächtnis des Reinhold Messner

Treppen hinauf und wieder hinunter, entlang des Weges über Wiesen und Stein, kurz innehalten, auftanken, dann wieder ganz hoch hinauf in den Turm und schließlich wieder steil hinab über Treppen. Höhenunterschied: mehrere 100 Meter. Was sich wie eine Kurzbeschreibung einer Bergwanderung anhört, trifft auf den Besuch von Schloss Sigmundskron mit seinem Bergmuseum zu, dessen Ideator und Katalysator kein Geringerer als Reinhold Messner ist.

Schloss Sigmundskron ist heute MMM: Messner Mountain Museum

Reinhold Messner ist ein Rastloser. Umso spannender ist es, dass er sich entschloss, das Museale zu erobern, etwas, was Muse und Ruhe erfordert. Die Überwindung dieses scheinbaren Gegensatzes kann im Messner Mountain Museum besichtigt werden, in dem Messner zahlreiche Fragen aufwirft: Wie geht der Mensch mit dem Berg um? Wie wirkt der Berg auf den Menschen und wie interagiert der Alpinismus in diesem Verhältnis? Eine Antwort muss jeder Besucher in dieser Begegnungsstätte mit dem Berg selber finden, so

Kunst und Kultur im Bergmuseum

wie jeder Bergsteiger seinen Auf- und Abstieg aus eigener Kraft bewältigen muss. Reinhold Messner legt aber Fährten aus, führt und weist hin, indem er mit Kontrasten spielt. Neue Blicke, ungewohnte Bildausschnitte und interessante Berg-Werke aus aller Welt säumen den Schlossparcours. Bilder, Skulpturen, Fotos und symbolische Gegenstände aus vielen Jahrhunderten vermitteln dem Besucher das Verhältnis von Mensch und Berg und erzählen die Geschichte des Alpinismus. So werden in einem Rondell diverse Religionsstifter aus den Bergen vorgestellt, in einem anderen Gebäude stehen Buddhastatuen und auch eine tibetische Gebetsmühle, vor der der Besucher wunderbar in sich kehren kann. Außerdem gibt es Ausstellungsräume über die Besteigungsgeschichte der Berge, über die Achttausender, über Höhlen und Kristalle und die Sagenwelt der Dolomiten. Dazwischen hängen Gemälde und Skizzen von Bergen, sind Schneeanzüge und Expeditionsausrüstungen von Messner und Kollegen ausgestellt. Der Berg kann verzaubern, und das wollte Reinhold Messner wohl mit diesem „verzauberten Berg" zum Ausdruck bringen. Auch dem tragischen Tod seines Bruders Günther am Nanga Parbat im Jahre 1970 und dieser Erinnerung wollte er hier einen Platz geben: Der Schuh des Bruders steht in der Vitrine eines Raumes mit Portraits von tödlich verunglückten Bergsteigern. Doch der Weitgereiste entführt nicht nur in die weite Welt seiner geliebten Berge und deren Bergvölker. Im Weißen Turm, der die sonst flache Burg an Höhe deutlich überragt, wird der Tatsache Rechnung getragen, dass Schloss Sigmundskron sehr eng mit der jüngeren Südtiroler Geschichte verbunden ist. Im Jahr 1957 wurde nämlich hier das „Los von Trient" ausgerufen, um gegen die italienische Nichteinhaltung des Pariser Vertrages zu protestieren und eine eigenständige Autonomie zu fordern. Das 2006 eröffnete Messner Mountain Museum (Besitzer von Schloss Sigmundskron ist seit 1996 die Autonome Provinz Bozen) ist das Herz eines groß angelegten Museumskonzepts Reinhold Messners mit weiteren Stationen rund um den Mythos Berg: „Die religiöse Dimension" (MMM Juval) in seiner Sommerresidenz Burg Juval am Eingang des Schnalstales, das Verhältnis „Mensch-Berg-Alpinismus" (MMM Firmian) auf Schloss Sigmundskron, das Thema „Eis/Ortler: Gletscherwelten" (MMM Ortles) in Sulden im Vinschgau, das Thema „Dolomiten/Fels: Die ver-

Tibetische Gebetsmühle und Buddhastatuen

sage

Unheimlich, sagt das Volk, ist es im Schelmthalele zu Haslach, im Bleithal am gescheibten Thurm, am Katzensteig bei Schloß Sigmundskron, auf dem Wege bei Puntnovenn, auf dem todten Moos zwischen Kollern und Deutschnoven, auf den Rittner Hexenplatzlen im Pirchbödele, im Rigkermoos und im Schatten. Als unheimlich und verrufen gelten im Volksmunde Friedhöfe und alte Gemäuer, Möser und Almen, einschichtige Wiesen und Schluchten im Walde; weiter solche Äcker, die im Volksglauben für uralt gehalten werden. (Bei Bozen.) Die Purenwiesen hinter Zenoburg, die Marlinger Wiesen, die Marlinger Brücke, sowie die Erlenauen bei Naturns gelten als unheimliche Plätze, wo Geister und Hexen sich zeigen. (Bei Meran.)

aus: Sagen aus Tirol, gesammelt und herausgegeben von Ignaz V. Zingerle, Innsbruck 1891, Nr. 925, S. 532.

Schloss Sigmundskron und im Hintergrund der Schlern

tikale Welt" in Monte Rita südlich von Cortina. Fünftes und letztes Glied im Museumsnetz wird dem Thema „Bergvölker: Profane Welt der Berge" gewidmet auf Schloss Bruneck im Pustertal.

Geschichte

Die ausgedehnte, die Umgebung beherrschende Burgruine liegt auf einem porphyrnen Felsenhügel, der an drei Seiten steil abfällt. Der Blick von hier oben scheint grenzenlos und führt zum Etschtal, zum Schlern, zur Mendel, zum Ritten, nach Kohlern und ins Unterland. Ausgrabungen belegen, dass der Burghügel schon in der mittleren Steinzeit besiedelt war. 945 wird eine Burg Formigar erwähnt, 1163 ist die Burg Hauptburg und Verwaltungssitz der Trientner Bischöfe in der Grafschaft Bozen. Ab dem 14. Jahrhundert ist die Burganlage ständiges Lehen der Familie, aus der später die Grafen Firmian hervorgingen. Unter Herzog Sigmund von Österreich (reg. 1446–1490) wurde das hochmittelalterliche Formigar zur spätmittelalterlichen Festung ausgebaut und von nun an Sigmundskron genannt. Ein Mitgrund für die Namensgebung könnte sein, dass beim Betrachten von

weitem der Eindruck entsteht, dass dem Mitterberg vor den Toren Bozens (hier auch Kaiserberg genannt) eine riesige Krone aufgesetzt worden sei. Am Torturm ist noch heute das Wappen des Herzogs von 1474 zu sehen.

INFO

Messner Mountain Museum FIRMIAN – Schloss Sigmundskron
Sigmundskronerstraße 53
39100 Bozen
Tel. +39 0471 63 12 64
www.messner-mountain-museum.it

Museumsrestaurant und Café

Öffnungszeiten: Vom ersten Sonntag im März bis zum 3. Sonntag im November von 10–18 Uhr,
letzter Eintritt um 17 Uhr

Einführung von 20 Minuten

Montag geschlossen

Kostenpflichtiger Eintritt
Ermäßigungen für Kinder, Schulklassen, Studenten, Senioren ab 65 Jahre, Gruppen sowie Familienkarte

Jährliche Sonderausstellungen und Sommerveranstaltungen

Museumsshop

wandern

Girlan–Marklhof–Sigmundskron–Girlan

Von Girlan Richtung Osten am „Jesuheim" vorbei zum Marklhof, der zum Kloster Neustift im Eisacktal gehört (bis hierher auch mit dem Auto). Von dort immer dem Wanderweg Nr. 1 folgen, nach etwa einer Stunde erreicht man Schloss Sigmundskron und das Messner Mountain Museum.
Rückkehr nach Girlan über den Hinweg oder mit dem Bus von Frangart nach Eppan, der an der unmittelbar unter dem Schloss vobeiführenden Hauptstraße hält.
Gehzeit: 2 Std. (vom Marklhof zum MMM und zurück),
von Girlan Dorf 2 Std. hin
Schwierigkeit: unproblematisch
Höhenunterschied: gering

7 Burg Neuhaus

Die Burg „Maultasch“

Erst vor kurzem habe ich einen Bekannten nach der Ruine Neuhaus bei Terlan gefragt. „Ruine Neuhaus?“, antwortete er, „nie etwas davon gehört.“ Er kenne nur die Ruine Maultasch oberhalb von Terlan. Der Volksmund hat sich offensichtlich gegenüber der offiziellen Bezeichnung durchgesetzt. Nach der Konsolidierung in den vergangenen Jahren ist Burg „Maultasch“ nunmehr ein lohnenswertes Ausflugsziel und ermöglicht Einblicke in das Leben einer der interessantesten Frauengestalten Tirols des Mittelalters – in das der Landesfürstin Margarethe.

Burg Neuhaus mit Blick auf das Etschtal

Stolz ragt die Burgruine Neuhaus (Maultasch) genau dort in die Höhe, wo der Weg von der Grafschaft Bozen in die Grafschaft Tirol führte. Nova Domus war ursprünglich wohl eine Doppelburg: Oben am Felsen befand sich die Hauptburg und unten im Tale an der Straße die Zollstation. Während von letzterer heute nichts mehr erhalten ist, ist der zinnenlose Turm der einstigen Hauptburg noch weithin sichtbar. Auf dem Burghügel selbst wird zudem klar, dass hier einst eine ausgedehnte Burganlage mit mehreren noch leidlich erhaltenen Vorburgen mit Ringmauern samt teils verkümmerten Schwalbenschwanzzinnen gestanden haben muss.

Geschichte

Die einst als Nova Domus (das neue Haus) bezeichnete Burg wurde am Beginn des 13. Jahrhunderts von den Grafen von Tirol erbaut. Sie wurde aber bereits 1275/76 während des Krieges zwischen den Grafen von Tirol und dem Bischof von Trient zerstört und erst im Jahre 1320 wieder aufgebaut. Der auch heute noch weitum sichtbare außen fünf- und innen viereckige Bergfried stammt aus dieser Zeit. Die 1228 erstmals urkundlich erwähnte Burg war laut Legende im 14. Jahrhundert einer jener Orte, an denen sich die Landesfürstin Margarethe, Gräfin von Tirol, besonders gerne aufhielt. Daher erhielt die Burg nach Abtragung der darunter liegenden Klause (mittellateinisch „malatasca", schlechter Sack) im 19. Jahrhundert den gebräuchlicheren Namen Burg Maultasch.
Von 1382 bis 1559 war Neuhaus im Besitz der Herren von Niederthor, die auch das Gericht Neuhaus verwalteten. In dieser Zeit erfuhr die Burg ihre größte Ausdehnung. Als die Herren von Niederthor auf die ebenfalls in ihrem Besitz befindliche Burg Fragsburg oberhalb von Meran zogen, verblieb auf Neuhaus lediglich ein Pächter. Die Burg verfiel mehr und mehr. Von 1585 bis 1733 waren die Herren von Wolkenstein Besitzer der Anlage, die noch bis 1825 mit Dächern versehen gewesen sein soll und somit auch bewohnt war. 1828 soll das Ziegeldach des Turmes abgetragen worden sein; der Verfall des Bauwerks war nicht mehr aufzuhalten. Die Anlage wurde vor kurzer

Weithin sichtbar – der zinnenlose Turm der einstigen Hauptburg

Zeit gesichert und sorgsam restauriert, wobei sie teilweise auch mit neuen Dächern versehen wurde.

Margarethe Maultasch

Die Landesfürstin Margarethe (1318–1369) gehört zu den bekanntesten Frauengestalten der Tiroler Geschichte. Warum sie den Beinamen „Maultasch" trägt, ist nicht restlos geklärt. Die Geschichtsschreibung hat sie jedenfalls nicht mit Samthandschuhen angefasst. Als lasterhaftes Weib und untreue Ehefrau wurde sie beschrieben, als absurd hässliche Frau bildlich dargestellt. Ihre Biografie zeigt uns aber ein anderes Bild: Margarethe tritt uns dort als mittelalterliche Fürstin, Ehefrau, Mutter und Witwe entgegen. Auch die Margarethe nachgesagte Hässlichkeit kann wissenschaftlich nicht nachgewiesen werden. Ihr Siegelbild zeigt vielmehr eine schlanke, vornehme Frauengestalt; das mag wohl das Vorbild für die späteren „schönen" Margarethe-Porträts bilden. Als krasser Gegensatz ist das Bildnis einer ausnehmend hässlichen alten Frau zu sehen. Verfolgt man den Ursprung dieser weit verbreiteten Darstellung, so kommt man auf ein weder mit Tirol noch mit Margarethe in irgendeinem Zusammenhang stehendes Ergebnis: Am Anfang der Reihe steht eine Skizze Leonardos da Vinci. Auch der niederländische Maler Quentin Massys, der Jahre später eine der Skizze Leonardos nachempfundene Rötelzeichnung als Vorbild für sein Ölbild »Brustbild einer hässlichen Frau« (1513) heranzog, dachte dabei nicht an die „Maultasch". Erst am 1777 datierten Kupferstich des Gilles-Antoine Demarteau findet sich als Bildunterschrift der Name Margarethes. Andere übernehmen in der Folge diese Zuschreibung samt Typus. Margarethe musste in ihrem Leben zahlreiche schwere Schicksalsschläge hinnehmen: Als Erbin Tirols wurde sie mit zwölf Jahren aus dynastischen Interessen mit einem achtjährigen böhmischen Königssohn verheiratet. Nach

Die Wanderung führt uns vorbei am Ansitz Liebeneich.

Jahren glückloser Ehe trennte sie sich von ihrem ersten Mann und heiratete wenige Monate später Ludwig, den bayerischen Kaisersohn. Mit dieser allen Konventionen widersprechenden Handlung provozierte sie einen »internationalen« Skandal. Der Kirchenbann ließ nicht lange auf sich warten, der als Konsequenz der kirchlich nicht legitimierten neuen Ehe über 17 Jahre lang auf Margarethe und dem Land Tirol lastete.

Info

Tourismusverein Terlan
Dr.-Weiser-Platz 2
39018 Terlan
Tel. +39 0471 25 71 65

Frei zugängliche Ruine

Einkehrmöglichkeiten direkt im Dorfzentrum

wandern

Terlan-Margarethenpromenade-Ruine Neuhaus-Terlan

Der Ausgangspunkt der Wanderung ist die Pfarrkirche von Terlan (Parkplätze gibt es rundherum etliche, ansonsten lohnt auch eine Anreise per Zug von Bozen oder Meran, da der Bahnhof direkt im Zentrum nur wenige Schritte von der Pfarrkirche entfernt ist). Gleich hinter der Pfarrkirche startet die Kirchgasse. Dieser Straße folgend kommt man in etwa 20 Minuten zum Ansitz Liebeneich. Rechts abzweigen, vorbei am Hochbrunnerhof und weiter zur Möltner Straße, die überquert werden muss. Vom Weg Nr. 9, der nach Montigl hinauf führt, zweigt rechts die Margarethenpromenade ab. Nach ungefähr einer halben Stunde trifft die Promenade auf jenen Weg, der direkt steil von der Staatsstraße heraufführt. Von hier aus zirka 10 Minuten zur Ruine, von wo man einen herrlichen Rundblick auf das Etschtal genießt. Rückweg gleich wie Aufstieg; bei der Kreuzung mit der Margarethenpromenade allerdings den linken Weg hinunter ins Tal nehmen bis zum Dorfzentrum und Ausgangspunkt.

Gehzeit: 2 Std.
Schwierigkeit: leicht, mit teilweise steilen Anstiegspassagen
Höhenunterschied: ca. 120 m

8 Ansitz Stachelburg

Geselliges Beisammensein

Was gibt es Angenehmeres als das gesellige Beisammensein in einem historischen Ansitz? Im Ansitz Stachelburg, der eigentlich korrekterweise Ansitz Schönhaus heißen müsste, werden zünftige Jausen aufgetischt und fröhliche Törggelenrunden gefeiert.

Fährt man über Nals ins Tisner Mittelgebirge, so sticht der Ansitz Schönhaus zur Rechten der Prissianer Straße am Ende des Dorfes ins Auge, schon allein wegen seiner hübschen, rotweißen Fensterläden und der auffallend großen, in schönen Lettern geschriebenen Aufschrift Stachelburg. Auffallend sind zudem der große Erkerturm, der Treppenturm mit Freitreppe und der ausladende Wohntrakt, der an der Frontseite durch eine Rundbogenloggia abgeschlossen wird. Die Räume weisen einfache Holzdecken und dekorative Malereien auf. Früher war der Ansitz auch auf der Straßenseite von einer Zin-

Ansitz Stachelburg lädt zum Einkehren ein.

nenmauer umgeben. Die Jausenstation wird von der Familie Dalla Corte geführt. In gemütlichen Räumen und unter historischen Gewölben gibt es zünftige Brettlmarenden, pfiffige Nudelgerichte, diverse Salate und viele Südtiroler Leibgerichte wie Knödel und Nocken. Zur Törggelenzeit, der sogenannten fünften Jahreszeit in Südtirol, werden Schlachtplatten, gebratene Kastanien und neuer Wein aufgetischt. In der warmen Jahreszeit lädt ein gemütlicher Hofgarten zum Verweilen ein.

Ansitz Stachelburg, im Hintergrund das Tisner Mittelgebirge

Geschichte

Der verspielte Frührenaissancebau aus der zweiten Hälfte des 16. Jahrhunderts wurde im Auftrage des Klosters Marienberg erbaut, das bis ins 18. Jahrhundert den Ansitz besaß. Anschließend kam der Ansitz in den Besitz der Grafen von Stachelburg und erhielt deshalb auch den Beinamen Stachelburg. Die Stachelburg ist nach wie vor in Privatbesitz.

Info

Ansitz Stachelburg – Stachelburgkeller
Prissianer Straße 2
39010 Nals
Tel. +39 0471 67 85 58
www.stachelburgkeller.it

Familie Dalla Corte

Restaurant

Von 17–24 Uhr geöffnet (März bis November)

Ruhetag: Mittwoch

Besichtigung nicht möglich

wandern

Nals–Obersirmian–Grissian–Prissian–Nals

Vom Tourismusbüro Nals in die Goldgasse, links neben der Bäckerei beginnt der Nachtigallenweg. An Schloss Payrsberg vorbei bis nach Obersirmian. Vom Gasthaus Apollonia aus sieht man auf einem bewaldeten Hügel die kleine St.-Apollonia-Kirche aus dem 13. Jahrhundert. In unmittelbarer Nähe des Parkplatzes steigt man bergan in Richtung St. Jakob. Bei der St.-Jakob-Kirche wandert man in Richtung Grissian und anschließend nach Prissian zum Schloss Katzenzungen. Von hier aus folgt man dem Weg Nr. 2, an der Ruine Pfeffersburg vorbei und zurück nach Nals. Der Weg führt direkt an der Stachelburg vorbei. Von hier sind es nur mehr wenige Gehminuten bis zum Ausgangspunkt.

Gehzeit: ca. 4 bis 5 Std.

Schwierigkeit: mittelschwer

Höhenunterschied: 600 m

Schloss Korb umgeben von Weinreben. Am Berg erkennt man Burg Boymont.

9 Schloss Korb

Es lebe die Schlossromantik!

Heute werden Burgen und Schlösser glücklicherweise nicht mehr von schwer bewaffneten Feinden bedroht und die Menschen können sich sicher zu Bette begeben – nach Kamingesprächen mit einem Glas Wein, lauschigen Abenden, Geselligkeit und einem guten Mahl. Das und noch viel mehr wird auf Schloss Korb gelebt gemäß dem Grundsatz: Wo Märchen wahr werden ...

Ein Schlosshotel zu führen ist fürwahr keine leichte Aufgabe. Da braucht es Passion und Überzeugung. Fritz und Ruth Dellago haben beides und führen Schloss Korb als romantisches Feriendomizil. Die Natur meint es gut mit ihnen, denn der Ausblick von der Schlossterrasse ins weite Etschtal ist bezaubernd und lässt die Gedanken in die Ferne schweifen.
Insgesamt verfügt das anmutige, von satten, dicht gedrängten Weinbergen umschlossene Schlosshotel über 50 Zimmer, die mit Frühstück, Halbpension oder Vollpension gebucht werden können. Im Schlosstrakt sind 20 Zimmer untergebracht, im Turm sechs Turm- und Zinnensuiten. Die restlichen Zimmer befinden sich in der Dependance. Das Haus ist auch für Tagesgäste offen, die hier zu

Weinkeller und romantisches Dinner gefällig? Auf Schloss Korb gibt es beides.

Mittag oder abends Speisen internationaler Zubereitungsart genießen, sich aber auch gemütlich niederlassen wollen bei Kaffee und Kuchen. Besondere Erwähnung verdient der Schlossbunker, in dem die schlosseigenen Weine produziert und verkostet werden, aber auch Ausstellungen, Lesungen und Konzerte stattfinden.

Weinbetrieb

Fritz Dellago hegte schon seit Jahren den Traum, seine Passion, den Wein, mit der Kultur von Schloss Korb zu vereinen. 1996 legte er den Grundstein zur Realisierung seines Traumes und begann erste

Experimente mit den schlosseigenen Trauben. Heute keltert Fritz Dellago einen Teil seiner Weinernte selbst ein, immerhin den Ertrag von 1,4 Hektar von insgesamt 5 Hektar Weinbaufläche. Diese Weine werden unter dem Markenzeichen Weingut Fritz Dellago abgefüllt. Die Weintrauben wachsen allesamt rund ums Schloss heran. Angebaut werden sowohl rote als auch weiße Rebsorten von Vernatsch, Lagrein und Merlot bis hin zu Blauburgunder und von Sauvignon und Chardonnay bis zum Gewürztraminer. Besonders stolz ist Fritz Dellago auf seinen fruchtig-samtigen Zweigelt. Bei der Olympiade 2008 erhielt der Gewürztraminer den offiziellen Wein-Einzug. Als Anerkennung von Gambero Rosso erhielt er 2 x 3 Gläser! Fast alle Weine Dellagos werden in schmalen Halbliterflaschen abgefüllt und nicht wie gewohnt in der klassischen $^{7}/_{10}$-Flasche. Wer die Weine des Fritz Dellago verkosten will, sollte dies wohl am besten bei einem gemütlichen Essen auf der Schlossterrasse tun – kann aber natürlich auch die Weine ab Hof erwerben.

Geschichte

Schon von weitem fällt der viereckige Turm mit den Zinnen und dem Pyramidendach auf. Dieser wird bereits 1236 das erste Mal urkundlich genannt und wurde vermutlich von den Herren von Korb, einem Ministerialengeschlecht im Dienste der Grafen von Eppan-Ulten, erbaut, die sich in der Burg Boymont das Recht auf einen Wohntrakt sicherten. Korb bestand nämlich ursprünglich lediglich aus einem Wohnturm mit fünf Geschossen, dessen Eingang im dritten Stock lag, welchen man nur über eine Leiter erreichen konnte. Und so waren wahrscheinlich auch nur der dritte und vierte Stock bewohnt. Erwähnt werden muss auch, dass Schloss Korb ein Teil des Gerichts Hocheppan war und eine Sonderstellung einnahm. Innerhalb der Mauern habe eine Art Immunität geherrscht; der Rich-

ter durfte im Schloss keine Amtshandlungen ausüben und durfte Übeltäter nur von außerhalb anrufen. Seit dem 14. Jahrhundert war diese besondere Anlage als Lehen in den Händen zahlreicher Tiroler Adelsgeschlechter, erlebte aber kaum Um- und Zubauten.
Die heutige Form erhielt Schloss Korb erst im Jahr 1834, als seitens des neuen Besitzers, des Bozner Kaufmannes Johann von Putzer, ein villenartiger Zubau errichtet wurde. 1877 wurde Schloss Korb an den Deutschen Teßmann verkauft, 1918 erwarb sie schließlich Anton Dellago. Sein Sohn errichtete dort einen landwirtschaftlichen Musterbetrieb, ehe 1960 ein Schlosshotel mit Restaurant eröffnet wurde. Heute führt Fritz Dellago gemeinsam mit seiner Ehefrau Ruth die Familientradition fort.

Gerichtswesen im einstigen Tirol

Für eine bessere Verwaltung des Landes Tirol wurden die einzelnen Grafschaften im Mittelalter in Gerichte unterteilt, die einerseits Recht sprechen durften, aber andererseits auch politische Verwaltungstätigkeit ausübten. Jedem Gericht standen ein Pfleger, der für die Verwaltungsgeschäfte zuständig war, sowie ein Richter vor, der die Rechtsprechung innehatte. Dabei wurde zwischen hoher und niederer Gerichtsbarkeit unterschieden: Erstere (auch Bluts- oder Malefizgericht genannt) konnte auch Todesurteile fällen, die niedere Gerichtsbarkeit (Schubgericht) musste bei Schwerverbrechen die

Gerichtsbarkeit dem Landgericht übergeben. Vor allem ab dem 14. Jahrhundert mussten etliche landesfürstliche Gerichte an Adelige verpfändet werden.

INFO

Schloss Korb
Hocheppanerweg 5
39050 Missian/Eppan
Tel. +39 0471 63 60 00
www.schloss-hotel-korb.com

Familie Dellago

Schlosshotel €€ und Restaurant

Öffnungszeiten: Von Anfang April bis Anfang Jänner

Schlossbesichtigung während der Restaurantzeiten möglich

Eintritt frei

Regelmäßige Vernissagen, Lesungen und Konzerte

wandern

Schloss Korb–Hocheppan–Boymont–Schloss Korb

Die Eppaner Burgenwanderung ist vor allem im Frühling und im Herbst empfehlenswert und bietet einen wunderschönen Ausblick auf das Überetsch und den Bozner Talkessel samt den dahinter emporragenden Bergmassiven des Schlerns und des Rosengartens. Ausgangspunkt ist der Parkplatz von Schloss Korb in Missian bei Eppan. Von dort führt der Weg Nr. 9 (der sogenannte Burgenweg) an Bauernhäusern vorbei in Richtung Kreideturm, der wegen seiner weißen Außenfarbe schon von weitem sichtbar ist. Vom Kreideturm geht es dann in etwa 15 Minuten steil hinauf zur Burg Hocheppan. Weiter geht die Wanderung hinab in einen schluchtartigen Graben und auf der Gegenseite über Steinstufen und eine Holztreppe steil bergauf. Ein schmaler Steig im Wald führt in Richtung Schloss Boymont, das über einen steilen Karrenweg erreicht wird. Endpunkt der Wanderung ist wiederum Schloss Korb, welches in nur 15 Minuten von Schloss Boymont erreichbar ist.

Gehzeit: 2 1/2 Std.

Schwierigkeit: mittel

Höhenunterschied: 250 m Anstieg, 180 m Abstieg

10 Burgruine Boymont

Es lebe das Mittelalter!

Die Burgruine Boymont zählt mit Schloss Korb und Hocheppan zum Eppaner Burgentriumvirat. Boymont liegt etwa auf gleicher Höhe wie Hocheppan an einer Waldkuppe, die allerdings nicht so steil und wehrkräftig abfällt wie Hocheppan. Die Vermutung liegt nahe, dass diese Burg einst eher dem Wohlleben diente. Und in dieser Tradition steht die Ruine auch heute noch: Neuerdings geht es hier oben besonders mittelalterlich zu!

Einst repräsentative Wohnanlage, heute Burgschenke

Boymont gilt als repräsentative Wohnanlage: eine regelmäßige viereckige Anlage mit zwei Wohntürmen und einem großen Palas in prunkvoller Ausführung, unter anderem mit aufwändig geformten Triforien. In der direkt über dem Burgtor gelegenen Kapelle, die eine nach außen nicht vortretenden Apsis aufweist, sind Reste von Wandmalereien erhalten geblieben. Zudem ist der Bering der Palasmauer gleichgesetzt. Aber auch das gewählte Gelände gibt Auskunft darüber, dass der fortifikatorische Aspekt im Hintergrund stand. Die Kuppe des Hügels erlaubte nämlich eine regelmäßige Anlage, wie sie sonst wohl eher zu Stadtburgen passt.

Da die gesamte Anlage schon im 15. Jahrhundert durch eine Feuersbrunst zerstört und anschließend nie wieder aufgebaut wurde, blieb ihr ursprünglicher romanischer Charakter erhalten. Funde belegen, dass der Ort der Anlage bereits in der Eisenzeit besiedelt war.

Mittelalterliche Burgschenke

Was passt besser in eine Burgruine als eine mittelalterliche Burgschenke, dürften sich wohl die Besitzer, die Familie Dellago, gefragt haben, und versuchen nun, den Innenhof mit mittelalterlichem Leben zu füllen. Die Schlossküche bietet Schmalzbrot (Schweinefett mit Gewürzen), Fleisch vom Holzkohlegrill, Buchweizenknödel mit Apfelmeerrettich, Krautsalat, geräucherte Rippchen, Speck und Käse. Getrunken wird aus tönernen Krügen, gegessen ausschließlich auf Holztellern oder aus Tonschüsseln – ob man wohl mit Kreuzern, dem Geld aus dem Mittelalter, bezahlen kann?

Geschichte

Boymont wurde um 1235 von Ministerialen der Grafen von Eppan erbaut. Die späteren Herren von Boymont spielten insbesondere im 14. Jahrhundert eine wichtige Rolle. Etwa zwei Jahrhunderte nach

sage

Als am Fronleichnamstag 1425 die Familie Kässler, Besitzer von Burg Boymont, mit ihrem Gesinde nach St. Pauls in die Kirche ging und eben mit den vielen Gläubigen an der feierlichen Fronleichnamsprozession durch die reichen Güter von St. Pauls teilnahm, ertönte plötzlich der Ruf: „Schloss Boymont brennt, Schloss Boymont brennt!" Nach anfänglichem Zögern machten sich die Männer sogleich auf den Weg nach Boymont, um das Feuer zu löschen. Doch es war bereits zu spät: Boymont stand hellauf in Flammen.
Die Ursache des Brandes wurde nie bekannt: Während die einen vermuteten, der Brand sei durch das übertriebene Schmalzsieden der Köchin, der einzigen im Schloss zurückgebliebenen Person, entstanden, munkelten andere gar, die Feinde, deren die reichen Kässler sehr viele hatten, hätten die Köchin bestochen, ihnen Einlass in die Burg zu gewähren. Dort hätten diese dann das Feuer legen können. Da jedoch die Köchin in den Flammen umkam, konnte die wirkliche Brandursache nie herausgefunden werden.

der Erbauung gelangte die Burg durch Erbschaft in den Besitz von Ulrich Kässler, einem bis dahin nicht-adeligen Aufsteiger und Sekretär des Tiroler Landesfürsten Friedrich mit der leeren Tasche, der 1413 die reiche Erbtochter Barbara von Boymont geehelicht hatte.
1425 brannte die Burg, wohl aufgrund von Brandstiftung, ab. Die Burg wurde in der Folgezeit nie mehr aufgebaut und somit dem Verfall preisgegeben. 1976 kaufte Familie Dellago, die auch das nahe gelegene Schloss Korb besitzt, die Burgruine. Bereits im darauf folgenden Jahr begann sie mit Restaurierungsarbeiten und ließ unter anderem Zwischendecken im östlichen Bergfried einziehen sowie ausgebrochene Bogenfenster ergänzen. Seit 1981 wird die Burgruine als Burgschenke geführt – neuerdings mit konsequent mittelalterlichem Flair.

Info

Burgruine Boymont (Info Schloss Korb)
Hocheppanerweg 5
39050 Missian/Eppan
Tel. +39 0471 63 60 00
www.schloss-hotel-korb.com

Familie Dellago

Mittelalterliche Burgschenke

Öffnungszeiten: April bis November von 10–17.30 Uhr

Eintritt frei

Regelmäßige mittelalterliche Veranstaltungen

wandern

Die Ruine Boymont ist Teil der klassischen Burgenwanderung in Eppan, die Schloss Korb, die beiden Ruinen Hocheppan und Boymont sowie den Kreideturm miteinander verbindet. Die Wanderung kann sowohl im Uhrzeigersinn als auch gegen den Uhrzeigersinn gegangen werden. Die beliebte Wanderung ist bei Schloss Korb beschrieben.

Ruine Hocheppan: spektakulärer Blick tief hinunter ins Etschtal

11 Burg Hocheppan

Kultur, Erlebnis und Gaumenfreuden

Die Mischung macht's: Erlebnis, Kultur und Gaumenfreuden werden auf Burg Hocheppan geboten – stimmig und authentisch. Die Ruine Hocheppan scheint uneinnehmbar am steil abfallenden Felskopf zu thronen und muss auch heute noch zu Fuß erobert werden. Der Lohn: eine mittelalterliche Burgschenke, ein Ausblick zum Staunen und Fresken von überregionaler Strahlkraft.

Hocheppan zeugt von der Macht der einstigen Herren über dieses Gebiet, den Grafen von Eppan. Warum sie ihre Hauptburg auf dem über 600 Meter hohen Felsen errichtet haben, mag wohl praktische Gründe gehabt haben: die konkurrierende, blutige Fehde im 13. Jahrhundert mit den Grafen von Tirol und die Notwendigkeit, sich besser zu schützen. Des Weiteren dürfte auch die Erbteilung unter drei Brüdern ein Mitgrund gewesen sein. Aus dem Kampf um die Vormachtstellung der beiden Adelsgeschlechter gingen schließlich die Grafen von Tirol als Sieger hervor: Sie konnten in der Folgezeit ihre Herrschaft ausbreiten und wurden zum beherrschenden Geschlecht im „Land an der Etsch und im Gebirge" für die nächsten Jahrhunderte.

Ganz im Sinne des Verteidigungsgedankens ist der Zugang zur Burg komplex mit Vorwerken und Geschütztürmen angelegt. Außerhalb der eigentlichen Ringmauer befindet sich eine geräumige Vorburg mit Graben und Brücke sowie einem Verteidigungsrondell des 16. Jahrhunderts. Diese Vorburg, durch die noch heute Hocheppan betreten wird, ist heute ein liebevoll gepflegter Garten.

Hocheppan thront am Felsen, rechts sieht man den Kreideturm.

Als bedeutendste Teile der Ruine gelten der dominante, ungewöhnliche, außen fünf- und innen viereckige Bergfried sowie die frei stehende Burgkapelle mit ihren kostbaren Fresken. Der Blick von der Burg Hocheppan und insbesondere vom nahe gelegenen Kreideturm ist überwältigend und reicht bis zur Salurner Klause im Süden, nach Bozen und weit ins Etschtal Richtung Meran. Nicht weniger als 36 Schlösser, Burgen und Ruinen sollen vom Kreideturm aus sichtbar sein.

Burgschenke

Das Ehepaar Tschigg, seit 1998 Pächter der Burg, lebt heute ganzjährig – also auch im Winter – im Wohnturm von Hocheppan. Zahlreiche Umbauarbeiten waren nötig, ehe im Juni 2001 auch eine neue Burgschenke eröffnet werden konnte, die sich innerhalb kurzer Zeit zu einem beliebten Ausflugsziel entwickelte. Die Familie Tschigg und ihre Mitarbeiter servieren allerlei hausgemachte einheimische und regionale Spezialitäten, die je nach Jahreszeit variieren. Speck und Würste stammen teilweise aus eigener Schweinezucht (die Tiere quieken, grunzen und suhlen sich genüsslich im Schlossgehege), die der gelernte Metzger Markus Tschigg betreibt. Sonntags wird, ganz der Feiertagstradition entsprechend, ein mit Hackfleisch gefüllter Schweinebraten gegrillt, der mit kräftigen Kräutern aus dem burgeigenen Garten gewürzt ist. Die Weine stammen natürlich vom Kalterer Weingut Manincor, das ebenso wie Hocheppan den Grafen Enzenberg gehört.

Im Hochsommer werden bei Vollmond Gelage mit Musik und Unterhaltung, aber auch Lesungen und Musikdarbietungen geboten.

Ein besonderer Spaß ist der Parcours für Bogenschützen, der von der Familie Tschigg oberhalb der Burg angelegt wurde (siehe auch Wandertipp). Kleine und große „Robin Hoods" können dabei ihre Treffsicherheit unter Beweis stellen: Es gilt mit Pfeil und Bogen auf 3D-Ziele (26 Nachbildungen von Wildtieren in Lebensgröße) und Strohscheiben zu schießen. Pfeil und Bogen können gegen Gebühr in der Burgschenke Schloss Hocheppan ausgeliehen werden.

Burgkapelle

Die Fresken der um 1180 erbauten Burgkapelle, die der hl. Katharina geweiht ist, zählen zu den wichtigsten romanischen Kunstdenkmälern Südtirols. Die über Jahrhunderte übertünchten Fresken wurden erst 1926 wieder freigelegt und in den 90er Jahren des vorigen Jahrhunderts umfangreich restauriert und konserviert. Diese kunsthistorisch bedeutungsvollen Wandmalereien, die die Lebens- und Leidensgeschichte Jesu darstellen, weisen zahlreiche byzantinische

Burgkapelle und romanischer Freskenzyklus

Einflüsse auf und dürften bereits Ende des 12. Jahrhunderts oder im ersten Jahrzehnt des 13. Jahrhunderts entstanden sein. Man nimmt an, dass mehrere Meister und Gesellen an der Ausmalung der Kapelle, die noch heute durch ihre kräftige Farbgebung besticht, beteiligt waren.

Das frei innerhalb der Burgmauern stehende Kirchlein weist drei halbrunde Absidennischen auf. In der mittleren ist die thronende Muttergottes dargestellt, die ein ungewöhnlich großes Jesukind in ihren Händen hält. Zur Linken und zur Rechten sind die klugen und törichten Jungfrauen dargestellt. In der linken Nische sind Johannes der Täufer und Johannes Evangelist zu sehen, die auf das Lamm Gottes verweisen, in der rechten die Apostel Petrus und Paulus, denen Christus Schlüssel und Gesetzesrolle übergibt. An der Au-

sage

Einige Hirtenbüblein, welche in der Nähe der Burgruine Hocheppan ihre Ziegen weideten, begaben sich eines Tages aus Neugier in die Burg hinauf. Sie stöberten im Hof herum und fanden eine alte, verrostete Eisentür, die sich nach langer Mühe öffnen ließ. Dahinter war ein langer, finsterer Gang. Neugierig krochen sie durch denselben und stießen auf eine zweite Tür, welche nach heftigem Rütteln ebenfalls aufging. Da kamen sie in ein geräumiges Gewölbe und erblickten darin längs der Wand ein goldenes Kegelspiel. Die Buben waren darüber hoch erfreut und machten sich schon daran, die goldenen Kegel und Kugeln hinauszutragen. Da krachte plötzlich das Gemäuer, als ob es zusammenstürzen wollte, sogleich erbebte der Boden, und die Büblein erschraken darob so sehr, dass sie mit Hast den Ausgang zu finden suchten. Allein da es mittlerweile in St. Pauls schon Abend geläutet hatte, konnten sie den Ausgang nicht mehr finden und irrten voll Entsetzen im dunklen Gang herum. Sie hatten in ihrer Furcht das Kegelspiel wieder fallen lassen; hätten sie dasselbe mit sich genommen, wäre ihnen nichts geschehen und sie würden damit leicht den Ausgang haben finden können. So aber mussten sie bis zum nächsten Betläuten in der Höhle bleiben; erst am andern Morgen gingen die eisernen Türen wieder auf und sie konnten ins Freie gelangen. Das goldene Kegelspiel aber verschwand wieder und wurde bis zur Stunde von keinem Menschen mehr gesehen.

ßenwand zieht eine profane Jagdszene die Aufmerksamkeit der Betrachter auf sich. Für ein Schmunzeln sorgt immer wieder die „Knödelszene" im Inneren der Kapelle, die als erster Beleg dafür hergenommen wird, dass Knödel bereits im Mittelalter zum Speiseplan zählten. Möglicherweise handelt es sich hierbei allerdings nicht um eine Knödel essende Magd, sondern vielmehr um Goldkugeln.

Der Tourismusverein Eppan organisiert regelmäßig kunsthistorische Führungen in diesem besonderen Kleinod.

Info

Burg Hocheppan
Hocheppanerweg 16
39050 Missian/Eppan
Tel. +39 0471 63 60 81
www.hocheppan.com

Familie Tschigg

Öffnungszeiten Burgschenke: Mitte März bis Anfang November von 10–18 Uhr

Ruhetag: Mittwoch
Ab Mitte September bis Anfang November kein Ruhetag

Führungen in der Burgkapelle: täglich zwischen 10.30 und 17 Uhr

Kostenpflichtiger Eintritt

Ermäßigung für Senioren, Kinder, Familien und Gruppen

Geschichte

Das Erbauungsjahr von Hocheppan, das wohl an der Stelle einer älteren Befestigung errichtet wurde, ist unter Historikern umstritten. Nach einer Theorie wurde die Burg bereits zu Beginn des 12. Jahrhunderts von Graf Ulrich I. von Eppan erbaut, nachdem der ursprüngliche Herrschaftssitz des Adelsgeschlechts in der Dorfnähe von St. Pauls (vermutlich an der Stelle der heutigen Altenburg) aufgegeben worden war. Andere Historiker halten ein späteres Erbauungsdatum für wahrscheinlich. Der erste urkundliche Beleg stammt aus dem Jahr 1211. Bereits 1250 wurde die Trutzburg an die Herren von Taufers und Enn vererbt. 1315 ging die Burg an die Landesfürsten von Tirol über und wechselte daraufhin mehrmals die Lehensbesitzer. 1911 kam die Ruine in den Besitz der Grafen Enzenberg. Mit der Hilfe der Landesregierung, des Landesdenkmalamtes und der Messerschmitt-Stiftung konnte die Burganlage seit den 60er Jahren sukzessive konsolidiert und restauriert werden.

wandern

Die Burg Hocheppan ist nur zu Fuß erreichbar.
Der kürzeste Anstieg erfolgt über den ausgewiesenen Parkplatz am Ende des Missianer Weges. Von dort führt ein schotteriger, steiler, doch stets gesicherter Weg in gut 30 Minuten hinauf zur Burg.

Hocheppaner Bogenparcours

Der Parcours startet direkt bei der Burg Hocheppan, führt hinauf zu einem ersten Plateau in Richtung Perdonig, biegt dort rechts ab, um dann nochmals ein Plateau zu erreichen. Über einen alten Militärsteig führt der Parcours über mehrere Schleifen stets durch Mischwald wieder zur Burg Hocheppan zurück. Während des gesamten Rundweges hat man stets Hocheppan, den Bozner Talkessel, den Schlern und den Rosengarten im Blick.
Gehzeit: mit Bogenschießen 2 Std.
Schwierigkeit: leicht, auch für Kinder ab 8 Jahren geeignet
Höhenunterschied: gering

Natürlich kann Hocheppan auch über die klassische Burgenwanderung sowohl im Uhrzeigersinn als auch gegen den Uhrzeigersinn über Schloss Korb bzw. die Ruine Boymont erreicht werden. Die entsprechende Route ist bei Schloss Korb beschrieben.

Weinblätter ranken sich an den Mauern von Schloss Warth empor und prägen dessen Charakter.

12 Schloss Warth

Ausspannen par excellence

Reisende ins Überetsch werden ihren Blick von Schloss Warth oben am Hügel kaum abwenden können. Im Herbst, wenn die Tage kühler werden, funkelt die Mauer des Bergfrieds zudem in einem kräftigen Rot, denn ein großer Teil des Schlosses wird von wilden Weinblättern umwuchert.

Den Hausgästen vorbehalten: das Innere und das Schwimmbad des Schlosses

Der Name des Schlosses leitet sich vom darunter liegenden Warthtal ab, das geologisch aufgrund der schluffreichen Ablagerungen, von den Eppanern kurz „Flinz" genannt, äußerst interessant ist. Es handelt sich um feinen Sand, der auch in St. Pauls, Unterrain und Missian anzutreffen ist und als Sediment eines Sees mit einem Alter von 12.000 Jahren gilt. Dieser See hatte sich gegen Ende der letzten Eiszeit am Rande eines zurückweichenden Etschgletschers gebildet.

Legende

Das „Judenfahnl"

In alter Zeit befand sich auch in St. Pauls der Friedhof rund um die Kirche. Weil dieser aber zu klein wurde, ging man daran, einen neuen außerhalb des Dorfes anzulegen. Den Grund für diesen neuen Friedhof schenkte ein Jude her. Als er Jahre später im Sterben lag, sagte er: „Wenn aus meinem Grab ein Zeichen herauswächst, so bin ich gerettet und in der ewigen Seligkeit." Nach seinem Tod wurde der Jude in einer Ecke des Friedhofes in ungeweihter Erde begraben. Auf seinem Grabhügel setzte man als Denkzeichen einen Stein, aus welchem eine Eisenstange aufragt, die an der Spitze ein Blechblatt trägt. Und siehe, nach einiger Zeit wuchs aus dem Grabe von selber ein Rosenstrauch hervor! Das Denkzeichen, das „Judenfahnl", steht noch heute an Ort und Stelle, aber die Inschrift auf dem Blechblatt kann nicht mehr entziffert werden.

Seit etwa 30 Jahren laden auf Burg Warth zehn Ferienwohnungen, untergebracht in den ehemaligen Wirtschaftsgebäuden (Stall und Stadel) neben dem Bergfried und Palas, zum Ausspannen und Erholen ein. Abgeschiedenheit, Ruhe und ein fantastischer Rundblick, gepaart mit allen Annehmlichkeiten der heutigen Zeit, sind den Urlaubern sicher. Besondere Orte der Muße sind Schwimmbad und Liegewiese; Kinder können sich am Spielplatz mit Schaukeln und Sandkasten austoben. Das Zentrum der Eppaner Weinfraktion St. Pauls liegt nur zehn Gehminuten entfernt und ist mit seiner Dorfgasse ein idyllischer Ort zum Schlendern und Einkehren. Die Besitzerfamilie Frank, die den Palas bewohnt, ist gerne bereit, ihre Gäste auf Anfrage durch die kunsthistorisch wertvollen Räume zu führen. So können im Turmzimmer dekorative Malereien aus der Spätgotik bewundert werden, die vor etwa 30 Jahren freigelegt werden konnten. Bedeutsam ist auch die angrenzende Holzstube, die im Jahr 1613 (zu sehen in der Täfelung oberhalb der Tür) vollendet wurde. Gleich hinter dem schweren Tor, der in den Privatbereich der Franks führt, befindet sich auch eine kleine Hauskapelle, die der hl. Aloisia geweiht ist.

Geschichte

Schloss Warth, wie wir es heute sehen, zählt zu den jüngeren Burgen in Südtirol und liegt an einem wenig geschützten, von Weinbergen bestandenen Hügel. Aber bereits im 12. Jahrhundert soll am kleinen Hügel unterhalb der Eppaner Fraktion St. Pauls ein bewehrter Hof gestanden haben. Im Jahr 1194 übergaben die Grafen von Eppan diesen Hof an den Bischof von Trient, erhielten ihn aber bereits 1211 wieder für kurze Zeit als Lehen zurück. 1250 wurde Warth den Tiroler Landesfürsten übergeben und schließlich an diverse adelige Familien weiter verliehen, die den Hof allmählich grundlegend veränderten und zu einer Burg umgestalteten. So errichtete Ulrich von Altenburg Palas, Wohngebäude sowie Bergfried. Wo es nötig war, schützte eine Ringmauer die kleine, neu entstandene Burg. Im 15. Jahrhundert wurde ein schiffbugartiger Trakt in Richtung Norden hinzugefügt, im 17. Jahrhundert wurden die Wirtschaftsgebäude neu errichtet. Die letzten adeligen Besitzer waren die Grafen Künigl zu Ehrenburg ab dem Jahre 1536. Seit 1954 besitzt die Familie Frank Burg Warth.

INFO

Schloss Warth
Schloss-Warth-Weg 30
39050 St. Pauls/Eppan
Tel. +39 0471 66 28 50
www.schloss-warth.it

Familie Frank

Apartments € €

Besichtigung nicht möglich

wandern

St. Pauls–St. Justina-Kirchlein–Kreuzstein–Boymont–Schloss Korb–St. Pauls

Vom Hauptplatz in St. Pauls zum Dorfteil Aich (Weg Nr. 9) und vorbei an der St. Justina-Kirche auf den Kreuzstein (Nr. 8A). Immer diesem Weg folgend kommt man schließlich zum Hinweisschild Burgenwanderung (9A). Zwischen dem Pramol-Hof und einem kleinen Teich in Richtung Ruine Boymont abbiegen. Von Boymont in 15 Minuten Abstieg nach Schloss Korb und wieder zurück nach St. Pauls. Von Boymont aus kann man den Weg auch zur Burg Hocheppan und zum Kreideturm fortsetzen und erst dann zum Schloss Korb absteigen.

Gehzeit: 3 Std. (längere Variante mit Hocheppan 4 ½ Std.)
Schwierigkeit: unproblematisch
Höhenunterschied: 230 m

13 Schloss Aichberg

Logieren im Überetscher Stil

In Eppan trifft das Auge überall auf Burgen und Ansitze. Viele davon sind noch sehr gut erhalten, an anderen hat der Zahn der Zeit schon kräftig genagt. Der Ansitz Aichberg liegt im „Nobelviertel“ Eppans, in Eppan Berg, und wird heute als Pension geführt.

Ansitz Aichberg verspricht Ruhe und Erholung.

Der sogenannte Überetscher Stil, der große Einflüsse des Renaissance-Stils erkennen lässt, prägt zahlreiche Bauten der Burgengemeinde Eppan. Rund 40 Ansitze sind in diesem Baustil errichtet und schmücken sich mit Doppelbogenfenstern samt schlanker Mittelsäule, Steintreppen, Erkern sowie Loggias und geben der Überetscher Gemeinde ihr unverwechselbares Gesicht. Auch das inmitten von Wein- und Obstgärten gelegene Aichberg mit seinen verzierten Doppelbogenfenstern, den Terrazzoböden und verspielten Erkern ist einer dieser Bauten. Allerdings wurde der schlossähnliche Bau mit dem quadratischen Turm und den Schwalbenschwanzzinnen im 19. Jahrhundert stark umgestaltet. In der nach Norden hin vorgebauten Marienkapelle mit Stichkappengewölbe sind noch heute historistische Wandmalereien zu bewundern. Wer in Schloss Aichberg einkehrt, sucht – und findet – Natur und Ruhe. Die Zimmer und Apartments sind individuell eingerichtet und verfügen über alle Annehmlichkeiten moderner Zeiten. Schwimmbad, Sauna und Solarium runden das Wohlfühlprogramm ab.

Geschichte

An der Stelle des heutigen Ansitzes stand einst ein Hof, der der Familie Lanser gehörte. 1570 heiratete Nikolaus Leys die älteste Tochter des David Lanser und Erbin des Hofes. Leys veranlasste 1595 den Umbau des Hauses im Überetscher Stil; 1613 erfolgte die Nobilitierung des Nikolaus Leys, der ab nun das Prädikat „von Paschbach" führte. Den Namen Aichberg erhielt der Ansitz erst Jahre später. 1625 ist der Ansitz im Besitz des Valentin Christoph von Aichner nachgewiesen, der am 26. Mai 1632 die adelige Freiung des Ansitzes sowie das Recht, sich nach seinem neu gefreiten Ansitz „Aichner von Paschbach zu Aichberg" zu nennen, erhielt. Seit dem 18. Jahrhundert wechselte der Ansitz mehrmals seinen Besitzer: 1740 sind die Herren von Eyberg in Schwaz als Eigentümer nachgewiesen, 1776 kam der Ansitz in den Besitz des Leopold Adam von Wenser, 1860 war Johann Klotz der Herr des Hauses. 1870 erwarb Josef von Zastrow Aichberg und ließ das Gebäude gründlich umgestalten: Er zeichnet für die heutige Form des Gebäudes verantwortlich. Nach Franz Tausend und Caroline Gräfin Forni übernahmen die Grafen von Khuen-Belasi den stattlichen Ansitz und bewirtschaften ihn auch heute noch.

Info

Schloss Aichberg
Bergstraße 31
39057 Eppan
Tel. +39 0471 66 22 47
www.aichberg.com

Graf Khuen-Belasi

Pension mit Frühstück €€

Geöffnet von Ostern bis Mitte November

Besichtigung nicht möglich

wandern

St. Michael-Matschatsch–Eppaner Höhenweg–St. Michael

Vom Hauptplatz in St Michael Aufstieg zum Gleifkirchlein (um 1720 erbaut) und weiter zum Gasthof Steinegger. Der Markierung 7 in südwestliche Richtung folgend geht es auf den Matschatscherberg. Weiter zum etwas südlich gelegenen Schloss Matschatsch. Gleich oberhalb des Schlosses an der sogenannten „Michaeler Riebn" (Kurve Nr. 6) beginnt der einmalig schöne, durchwegs fast eben verlaufende „Eppaner Höhenweg" (Markierung Nr. 9). Nach etwa 3 Stunden erreicht man das Gasthaus Buchwald, von wo aus man eine herrliche Aussicht über das gesamte Überetsch genießt. Über Kreuzstein (Markierung Nr. 536 bzw. 8) sowie über die Bergstraße wieder zurück ins Dorfzentrum von St. Michael. Der Rückweg führt auch an Schloss Aichberg vorbei.

Gehzeit: 6 Std.
Schwierigkeit: mittelschwer
Höhenunterschied: 400 m

14 Schloss Paschbach

Musik liegt in der Luft

Klavierklänge durchzogen tage-, ja monatelang den Ansitz Paschbach. Wohl so mancher mag sich gefragt haben, wer denn solch virtuose Töne aus einem Klavier zu zaubern vermag. Man hörte vor allem Werke aus der Zeit der Wiener Klassik und der Romantik, insbesondere aber Musik von Ravel und Debussy. Die Lösung des Geheimnisses? Arturo Benedetti Michelangeli, Meisterpianist des vorigen Jahrhunderts, weilte längere Zeit auf Schloss Paschbach.

Überetscher Stil par excellence: Schloss Paschbach

Der Ansitz Paschbach zählt zu den typischen und gut erhaltenen Beispielen des Überetscher Stils, also jenes Stils, der vor 500 Jahren stark vom Süden beeinflusst wurde und deutliche Stilelemente der Renaissance aufweist: Sandstein, Doppelbogenfenster, Steintreppen, Erker und Loggias. Logenplatz für Ruhesuchende ist Schloss Paschbach auch heute noch, denn die Besitzerfamilie führt es als Frühstückshotel. Und im Gedenken an Arturo Benedetti Michelangeli wird das Frühstück nicht selten zu Klängen klassischer Musik serviert – bei Sonnenschein im Schlossgarten oder im Säulengang. Besondere Beachtung verdienen die Freitreppe mit der Rundbogenoggia sowie die steingerahmte Rechtecktür mit Blattornamentik aus dem späten 16. Jahrhundert. Herzstück ist aber der „Turm auf Pasquay" aus der ersten Hälfte des 13. Jahrhunderts, in welchem sich eine spätgotische Stube mit Holztäfelung, Schnitzwerk und zweigeschossigem grünem Kachelofen befindet.

Alte Stube auf Schloss Paschbach

Geschichte

Jakob Aichner, stammend aus Kurtinig im Unterland, gelangt 1570 in den Besitz des mittelalterlichen Turmes auf Paschbach, der sich 1248 im Besitz des Dominus Chalochus de Pasquay befunden hatte. Über die Besitzverhältnisse von der Mitte des 13. Jahrhunderts bis 1570 sind kaum Informationen vorhanden. Hans Baptist Aichner, ein Sohn Jakobs, der seit 1589 das Adelsprädikat „von Paschbach" führen durfte, ließ schließlich den Turm, dem Baustil der Renaissance verpflichtet, umgestalten. Durch Heirat gelangte das Schloss 1690 in den Besitz der Herren von Mörl aus dem Pustertal. Das

Stilelemente der Renaissance: Sandstein, Doppelbogenfenster, Erker und Loggias

19. Jahrhundert führte zu diversen Besitzerwechseln. Heute gehört der Ansitz Rolanda Zanghi und Familie.

Michelangeli

Arturo Benedetti Michelangeli (1920–1995), auch kurz ABM genannt, war ein italienischer Pianist und galt als Perfektionist. Sein Repertoire war eng, vor allem aber war er ein virtuoser Interpret der Musik von Ravel und Debussy. In Eppan hielt der Meister während seiner Aufenthalte auch Meisterklassen ab. Noch heute steht im Ansitz das Klavier, auf dem der Meister spielte.

Info

Schloss Paschbach
Bergstraße 33
39057 Eppan an der Weinstraße
Tel. +39 0471 66 25 88
www.schloss-paschbach.it

Familie Zanghi

Frühstückspension €

Geöffnet von Ostern bis Allerheiligen

Zwei Veranstaltungen im Jahr

Besichtigung nicht möglich

wandern

St. Michael–Eppan Berg–St. Pauls

Dieser gemütliche Spaziergang führt vom Eppaner Hauptdorf St. Michael nach St. Pauls. Die Bergstraße führt direkt an Schloss Paschbach vorbei, im kleinen Ortsteil Eppan Berg zweigt die Straße am Ansitz Tschindlhof nach St. Pauls ab, dessen „Dom auf dem Lande" schon von weitem sichtbar ist. Etwas unterhalb der Straße führt der Weg am Ansitz Tschindlhof vorbei. In St. Pauls selbst gibt es eine Vielzahl an Feldwegen, die eine faszinierende Aussicht und erholsame Stunden mitten im Grünen zu bieten haben.

Gehzeit: 1 Std. 20 Min.

Schwierigkeit: leicht und unproblematisch

Höhenunterschied: 80 m

Rilkesaal: Im Namen des großen deutschen Dichters wird hier gelesen, sinniert und der Kultur gehuldigt.

15 Schloss Englar

Zuflucht für Schriftsteller

Auch dem berühmtesten Besucher von Schloss Englar, dem deutschen Dichter Rainer Maria Rilke, wird die außergewöhnliche Architektur aufgefallen sein: Bezeichnend für Schloss Englar, das bereits seit 400 Jahren im Besitz der Grafen von Khuen-Belasi ist, ist nämlich das ungewöhnlich hohe und steile Walmdach. Englar gilt als das stilreinste gotische Schloss Südtirols.

Schloss Englar liegt in der burgenreichen Gemeinde Eppan, doch aufgrund seiner besonderen Konstruktion mit dem geradezu „nordisch" anmutenden abgewalmten Giebeldach ist es immer wieder Schloss Englar, das den Blick der Vorbeifahrenden klar auf sich zieht. Die Formen der Fenster, Türen und Erker sowie das Gewölbe im Erdgeschoss weisen den typischen Stil der Südtiroler Spätgotik (1450–1550) auf.

Der Dichter Rainer Maria Rilke (1875–1926) war ein ausgesprochener Italienliebhaber und verbrachte jedes Jahr mehrere Monate im Süden. Auch in Südtirol machte er immer wieder Halt, vorzugsweise in der Meraner Gegend. Bei einem seiner Aufenthalte besuchte er Otto Julius Bierbaum, einen Schriftsteller, der von 1859 bis 1899 Schloss Englar als mehrmonatige Ferienresidenz auserkoren hatte und hier auch einige seiner Werke schuf wie etwa „Eine empfindsame Reise im Automobil" (von Berlin nach Sorrent und zurück an den Rhein). Rilke kam am 6. April 1897 auf Schloss Englar an und hat hier sicherlich angenehme Stunden mit seinem Bekannten verbracht. Ein Gedicht Rilkes erinnert an seinen Besuch.

Heute finden auf Schloss Englar Gäste, die in elf sehr individuell gestalteten Zimmern untergebracht sind, vor allem Ruhe und Erholung. Über eine enge Hofeinfahrt gelangt man zum Parkplatz und zum Schlossinnenhof. Schon beim Eintritt in das Hotel fallen gotische Bögen auf. Im ersten Stock befindet sich der repräsentativste Saal des Schlosses, der Rittersaal, heute auch Rilkesaal genannt. Es ist dies ein weiter Saal mit offenem Kamin, einer Holzbalkendecke, schönem Erker und stilvollem

Englar im Eppan

Später Weg. Die Hütten kauern
und das dumpfe Dorf schläft ein.
Ernste Türme seh ich dauern,
weit aus weißen Blütenschauern
wächst ihr Weltverlorensein.

Abendbrand in brachen Zinnen,
und der Wind fährt durch den Saal.
Und für wen im Burghof drinnen
immer noch die Brunnen rinnen -
keiner weiß es dort im Tal!

Mobiliar. Die bereit liegende Lektüre am lang gezogenen, schweren Holztisch lädt zum Lesen und Verweilen ein.
In der Tradition Rilkes und Bierbaums stehend, ist Schloss Englar auch heute noch eine Stätte kultureller Begegnungen. Im Rilkesaal, der bis zu 100 Personen fasst, werden regelmäßig Liederabende, Kammerkonzerte, Klavierdarbietungen und Autorenlesungen angeboten. Die meisten Veranstaltungen werden in Zusammenarbeit mit dem „Kulturkontakt Eppan. Kreis für Kunst und Kultur" organisiert.

Geschichte

Schloss Englar ist im ausklingenden Mittelalter nicht als wehrhafte Burg, sondern als vornehmer Adelssitz der Überetscher Familie Firmian erbaut worden. Der Name Schloss Englar ist vom mittelalterlichen Begriff „in glara" abgeleitet, was so viel bedeutet wie „im Schottertal". Der Name ist wohl dem nahen Furglauer Wildbach zu verdanken, der des Öfteren über die Ufer trat und Ursache regelmäßiger Vermurungen war.

Viel fotografiert und bestaunt: Schloss Englar

Der heutige Bau reicht in das 15. Jahrhundert zurück: Christof von Firmian wollte dieses Schloss 1470 für seinen einzigen Sohn Bartholomäus bauen lassen, konnte dessen Fertigstellung aber leider nicht mehr erleben, da er 1486 aus dem Leben schied. Nach dem Tode des Batholomäus von Firmian im Jahre 1528 kam das Schloss durch Heirat in den Besitz des Grafen Caspar Thun. Ende des 16. Jahrhunderts war das Schloss im Besitz der Pollweyler, kam aber infolge einer Heirat erneut in Thun'schen Besitz, ehe es Graf Arbogast 1621 an die Familie der Grafen Khuen verkaufte. Seither ist dieses spätgotische Kleinod Familiensitz der Khuen-Belasi.

Kapelle St. Sebastian

Inmitten von Weinreben und unweit des Schlosses steht eine kleine Kirche, die dem hl. Sebastian gewidmet ist und zu Schloss Englar gehört. Hier werden noch heute Familienfeiern wie Taufen oder Hochzeiten gefeiert oder hl. Messen gehalten, wenn denn ein Geistlicher bei der Hand ist.
Eine Inschrift am Triumphbogen gibt den Namen des Erbauers bekannt: Christof von Firmian. 1475 wurde die Kirche geweiht. Der

einheitlich spätgotische Bau weist zwei Spitzbogenportale und ein gekehltes Dachgesims auf. Die Seitenaltäre stammen aus der Barockzeit, der Hochaltar ist mit Bildern aus dem 18. Jahrhundert vom Wiener Künstler Franz Altmutter versehen. Die Familie Khuen-Belasi gewährt gerne Einlass in die kleine, anmutige Hauskapelle.

Info

Schloss Englar
Pigenò 42
39052 Eppan
Tel. +39 0471 66 26 28
www.schloss-englar.it

Fam. Graf Khuen-Belasi

Garni € € €

Geöffnet von Ostern bis Allerheiligen

Regelmäßige Konzerte und Veranstaltungen

Besichtigung nicht möglich

wandern

St. Michael–Gleifkapelle–Schloss Moos-Schulthaus–Eislöcher–Schloss Englar–St. Michael

Vom Dorfparkplatz in St. Michael führt ein Weg in westlicher Richtung zur Gleifkapelle am Kalvarienberg. Auf einer kurzen Asphaltstraße erreicht man schon bald Schloss Moos-Schulthaus. Gleich rechts des Schlosses biegt man in den Wanderweg Nr. 7 ein und erreicht das Naturphänomen der Eislöcher. Wir befinden uns hier in einer Zone strengsten Naturschutzgebietes. Zurück an der Straßenbiegung wenden wir uns diesmal nach rechts in Richtung Pigeno (rechts der Stroblhof) und wandern zwischen den Schlössern Englar und Gandegg hindurch bis zum Ende des Pigenoer Weges. Dann links über die Mendelstraße und die Josef-Innerhofer-Straße zurück zum Ausgangspunkt.

Gehzeit: 2 Std.
Schwierigkeit: leicht
Höhenunterschied: 200 Meter

Als Juwel mittelalterlicher Wohnkultur gilt Schloss Moos-Schulthaus.

16 Schloss Moos-Schulthaus

Wo die Machos unter sich waren

Schloss Moos-Schulthaus ist ein einzigartiges Ensemble, das Bauelemente von der Romanik bis zum Barock in sich vereint. Profane Wandmalereien, die original erhaltene gotische Bauernstube und die mittelalterliche Küche, die bis vor 50 Jahren noch in Betrieb war, locken zahlreiche Besucher aus Nah und Fern an.

Das als Museum für mittelalterliche Wohnkultur geführte Schloss ist ein kleines Juwel. Unzählige Arbeitsgeräte, Truhen, Schränke, Ziergegenstände, Räume mit Rankenmalereien und Gemälde zeigen ein feinfühliges Verständnis für die Südtiroler Wohnkultur, die hier von der Spätgotik bis in den Frühbarock vorgestellt wird. Ein Durchschreiten der Räume ist ein Wandeln durch die Zeiten und grundsätzlich gilt: Je höher man im Schloss nach oben steigt, desto mehr nähert sich der Besucher der Gegenwart.
Eine weitere Besonderheit des Schlosses stellt die eingangs erwähnte spätgotische Stube dar, die um 1500 entstanden ist. Die gewölbte Holzdecke ist selbsttragend und somit nicht, wie später üblich, an den Wänden befestigt. Die gotischen Möbelstücke passen wunderbar in diesen einzigartig erhalten gebliebenen Wohnraum. Der

Zeugnisse einstiger Wohnkultur: Einrichtungsgegenstände und spätmittelalterliche Rauchküche

Ofen diente nicht nur zur Erwärmung dieses wohl wärmsten Raums im ganzen Schloss, sondern auch über einen Schuber als Heizung für die darüber liegenden Schlafgemächer.
Das einst im alten Wohnturm als Trinkstube genutzte Jagdzimmer ist eine Offenbarung derber mittelalterlicher Männerfantasien. Erst die Prüderei der folgenden Jahrhunderte sollte dafür sorgen, dass

diese Wandmalereien für lange Zeit nicht mehr sichtbar waren. Über der Eingangstür ist ein Fruchtbarkeitsbaum zu sehen, dessen Früchte Phallussymbole sind, die von nackten Frauen eingesammelt werden. Interessant ist zudem eine Secco-Malerei, in der die Macht der Frauen dargestellt wird – zumindest so, wie sie sich die Männer der damaligen Zeit vorgestellt haben. Die großflächige Darstellung eines Katzen- und Mäusekrieges im selben Zimmer geht wohl auf eine ägyptische Fabel zurück, die vom Orient über Venedig in unsere Gegenden gebracht worden sein muss. Schließlich sind in diesem Raum auch zahlreiche Jagdszenen zu sehen. Es versteht sich von selbst, dass Frauen der Zutritt zu diesem Raum untersagt geblieben sein dürfte. Viel bestaunt wird schließlich auch die gut erhaltene spätmittelalterliche Rauchküche, die an die Stube angrenzt und bis vor 50 Jahren noch benützt wurde. Zu bewundern sind ein Mohnstampfer, ein Butterkübel, ein ins Freie führender Ausguss aus Sandstein, eine Serie von Kaffeemühlen, der Vorläufer einer Nudelmaschine und natürlich unzählige Küchenutensilien. Auffallend ist der meterhohe, pechschwarze Rauchschlot, der über das Dach führt.

Spätgotische Stube

Geschichte

Bereits um 1250 dürfte an der Stelle des heutigen Schlosses von der Herren von Rottenburg ein rechteckiger Wehr- bzw. Wohnturm errichtet worden sein, der schließlich in der Mitte des 14. Jahrhunderts von Heinrich III. von Rottenburg zu einem Jagdschloss erweitert wurde. 1550 ging das Schloss im Erbwege an die Herren von Spaur über, die den Palas um ein Stockwerk erhöhten. 1617 wurde das Schloss an die Herren von Schulthaus übergeben, die eine letzte bauliche Veränderung vornahmen. Die Edlen von Schulthaus blieben gut 200 Jahre die Besitzer des Schlosses, auf dem sie, lebenslustig wie sie waren, wohl rauschende Feste feierten. Ab 1850 kam das Anwesen in den Besitz verschiedener Bauernfamilien und es ist wohl dem Geldmangel zu verdanken, dass keine Veränderungen mehr am Schloss durchgeführt wurden – zum Glück, wie sich heute behaupten lässt, denn sonst wäre wohl vom ursprünglichen Schloss viel verloren gegangen. 1958 erwarb schließlich der bekannte Bozner Kaufmann Walther Amonn das herabgewirtschaftete Schloss und ließ es behutsam restaurieren. Dabei kamen auch die zuvor genannten Malereien unter einer dicken Farbschicht zutage. Heute führt die „Stiftung Walther Amonn" das Schloss.

sage

Auf Schloss Moos soll es einst ein Gasthaus gegeben haben. In diesem arbeitete eine hinterlistige Kellnerin, die den Gästen immer wieder Wein nachschenkte, bis diese betrunken in den Schlaf versanken. Dann machte sie sich an die Geldbeutel der Gäste heran. Eines Tages stand ein Bursche mit grimmigem Gesicht vor der Schlosstür und verlangte Einlass. Die Kellnerin wies ihm einen Platz zu und wollte auch mit diesem Gast ihr übliches böses Spiel spielen. Doch dieses Mal gelang es ihr nicht: Als der grimmige Mann das Spiel durchschaut hatte, stand er auf, packte die Kellnerin voller Wut und schleuderte sie durchs Fenster hinüber zum gegenüberliegenden Gleifhügel. Zu Fall kam sie auf einem Porphyrfelsen, der noch heute, einem Lehnsessel gleich, als Teufelssitz bekannt ist. Der Name rührt auch daher, weil der eiszeitliche Schliff noch heute von Moos und Flechten frei blieb, während alle anderen Gesteine der Umgebung von solchen Pflanzen überwuchert sind. Die Annahme liegt wohl nahe, dass es sich beim grimmigen Gast um den Teufel höchstpersönlich gehandelt habe.

INFO

Schloss Moos-Schulthaus
Museum für mittelalterliche Wohnkultur
Schulthauserweg 4
39057 Eppan
Tel. +39 0471 66 01 39
schloss.moos.schult@ brennercom.net

Stiftung Walther Amonn

Öffnungszeiten:
Gründonnerstag bis Ende Oktober

Führungen max. 15 Personen:
Dienstag bis Samstag um 10, 11, 16 und 17 Uhr

Sonntag und Montag geschlossen

Kostenpflichtiger Eintritt

Ermäßigungen für Gruppen und Schulklassen sowie Senioren

Jährliche Ausstellung

wandern

St. Michael–Gleifkirche–Schloss Moos-Schulthaus–Kreuzstein–St. Pauls

Ausgangspunkt dieser Wanderung ist der Rathausplatz von St. Michael. Von hier in Richtung Mendelgebirge (Markierung ST) über den Kreuzweg zur Gleifkirche. Über einen Fahrweg geht es nach Westen und dann südwärts durch Wein- und Apfelanlagen bis zum Schloss Moos-Schulthaus. Über den Weg Nr. 7 zum Gasthof Steinegger und weiter, zunächst leicht ansteigend, über Weg Nr. 8B durch Mischwald bis zum Kreuzstein. Vom Kreuzstein zuerst über Weg Nr. 8A, dann Weg Nr. 9 hinab nach St. Pauls. Von dort mit dem Citybus wieder zurück nach St. Michael.

Gehzeit: 3 Std.
Schwierigkeit: keine
Höhenunterschied: 250 m

17 Schlosshotel Aehrental

Eine Oase der Ruhe

Mitten im Dorfzentrum von Kaltern und doch etwas versteckt heißt das Schlosshotel Aehrental seine Gäste willkommen. Was für andere Hotels ein Nachteil darstellen mag, weiß das Schlosshotel Aehrental für sich zu nutzen. Denn in das alterwürdige Haus kommen vor allem Gäste, die eines suchen, nämlich Ruhe und Entspannung.

Im Garten mit Schwimmbad von Schloss Aehrental lässt es sich wunderbar faulenzen.

Die eigentliche Ruheoase des Hauses stellt der weitläufige Park dar, mit einem großzügigen Schwimmbad samt Whirlpool. Kein Lärm stört hier den Erholungsuchenden. Der Schlossgarten ist hingegen Ort der Gaumenfreuden, denn bei gutem Wetter wird im Freien gegessen. Das Restaurant, das auch Tagesgästen offen steht, bietet eine Mischung an heimischer und mediterraner Kost. Der Weinkeller wird vom Hausherrn persönlich betreut.
Der Ansitz legt auch heute noch Zeugnis ab vom idealen Herrenhaus des frühen 17. Jahrhunderts in Kaltern. Bruchsteinmauern aus rotbraun-lila schimmerndem Quarzporphyr verleihen dem Bau ein herrschaftliches Aussehen, Stilmöbel, Kachelöfen, frei liegende Balken, Holzdecken und Stuckaturen, schwere Teppiche und Kronleuchter sorgen in den gemütlichen Suiten und Zimmern für eine stilvolle Atmosphäre. Die Umgebung des Hauses wird geprägt von steinernen Skulpturen, gepflasterten Wegen, aber auch Seerosen und Palmen. Besonders beeindruckend ist die herrliche Sicht, die sich den Gästen des Hauses bietet: einerseits auf die herrlichen Berge ringsum, andererseits auf den Kalterer See, das Wahrzeichen des Überetscher Weindorfes. Er gilt als der wärmste Badesee in den Alpen, in dem neben dem Baden auch Tretbootfahren, Windsurfen und Paddeln angesagt sind. Das Schlosshotel Aehrental verfügt für seine Gäste über einen Privatstrand direkt am See: eine besondere Annehmlichkeit für anspruchsvolle Gäste.

Geschichte

Der Bau wurde 1635 vom Amtsmann Sigmund Greif errichtet, wie eine Wappenkartusche und Initialien am Rustikaportal bezeugen. 1804 wurde der damalige Besitzer, der Landgerichtsschreiber Anton Valentin Röggla, mit dem Prädikat „von Aehrenthal" in den Adelsstand erhoben. Lange Zeit wurde das Haus als Weinkellerei geführt, ehe 1983 Familie Morandell das Haus erwarb und in ein Hotel mit Restaurant umwandelte. Den Besitzern war es sehr wichtig, die alte Bausubstanz zu erhalten, aber mit den Annehmlichkeiten der gehobenen Gastlichkeit zu versehen.

Info

Schlosshotel Aehrental
Goldgasse 19
39052 Kaltern an der Weinstraße
Tel. +39 0471 96 22 22
www.schlosshotel.it

Familie Morandell

Hotel mit Halbpension
€ € €

Restaurant

Geöffnet von Ostern bis Allerheiligen

Besichtigung nicht möglich

wandern

Kalterer Friedensweg: Rottenburger Platz–Kardatschertal–Rastenbachklamm–Kirchenruine St. Peter in Altenburg

Der Kalterer Friedensweg, zwischen 1995 und 2000 geschaffen, führt von der Dorfmitte von Kaltern am Rottenburger Platz durch Wald und Naturlandschaft über das Kardatschertal oder die wilde Rastenbachklamm nach St. Peter in Altenburg, der wahrscheinlich ältesten Kirchenruine Tirols. Sieben Besinnungspunkte, die von Künstlern aus dem In- und Ausland gestaltet wurden, laden den Wanderer zum Innehalten ein.

Gehzeit: 3 Std.
Schwierigkeit: leichter, ebener Wanderweg
Höhenunterschied: 100 m

Der Torgglkeller lädt zum Verweilen ein.

18 Torgglkeller

Die Torggl als Symbol

1967 begann die Bauernfamilie Atz, Äpfel zu verkaufen und Traubensaft zu pressen, aber sie dachte nicht im Traum daran, einen touristischen Betrieb aufzubauen. Zahlungsfähige Gäste waren in Kaltern noch Mangelware; da konnte man nicht solch risikoreiche Vorhaben angehen. Es ist dem Weitblick von Paula Atz zu verdanken, dass dieses Wagnis schließlich doch eingegangen wurde. Heute arbeitet der Betrieb als Schankbetrieb.

Der Torgglkeller hieß ursprünglich Hof am Bichl, denn das Gebäude steht am Nordrand des Kirchbühels, der schon im sogenannten Vigiliusbrief aus dem Jahre 1191 erwähnt wird. Zum Namen Torgglkeller kam es aus einem sehr praktischen Grund: In der Hofmitte steht seit 1807 eine hölzerne Weintorggl, die auch von den Bauern rundum genutzt wurde. Insofern hieß es eben: „Gehen wir zum Torgglhof, um dort Maische zu pressen." Übrigens: Das Wort Törggelen stammt aus dem Lateinischen „torquere", was „Wein pressen" bedeutet. Darum heißt die alte Weinpresse in Südtirol auch Torggl. Der Torgglkeller ist erfreulicherweise bis zum heutigen Tag der traditionellen Südtiroler Küche und damit auch den hauseigenen Traditionen treu geblieben. So werden insbesondere Speck, Käse, hausgemachtes Brot, Knödel, Fleisch und diverse Mehlspeisen aufgetischt. Viel Liebe wird für die Zubereitung der Brotaufstriche verwendet, besonders stolz ist die Familie Atz auf den Kräuterspeckaufstrich, der schon in vierter Generation nach familieneigenem Rezept zubereitet wird. Besonders stimmungsvoll geht es im Herbst beim Törggelen zu, wenn neuer Wein, Geselchtes, Kaminwurzen, Krapfen und natürlich Kastanien serviert werden und die Gäste sich bei Musik unterhalten können. Der sogenannte „Holbmittog" zur Stärkung am Vormittag und Marenden runden das kulinarische Angebot ab. Die Küche ist durchgehend von 11 Uhr vormittags bis 23.30 Uhr geöffnet. Gegessen und getrunken wird in den einstigen Kellern (drei an der Zahl) oder auf der Panoramaterrasse, die einen weiten Blick ins Tal und auf das Dorf erlaubt. Insgesamt bietet der Torgglkeller 100 Gästen im Freien und weiteren 100 in den Kellergewölben Platz.

Die historische Torggl

Geschichte

Der Bau mit spätgotischen Elementen war im 17. und 18. Jahrhundert das Wohnhaus der Benefiziaten von St. Anna. Seit 1887 ist die Familie Atz Besitzer des Torgglkellers, aber auch des angrenzenden Jagdhofes, der als sorgsam restauriertes Hotel geführt wird und auch gemeinsam mit dem Keller unter Ensembleschutz steht. Der Torgglkeller zählt zu den ältesten Gebäuden in Kaltern und ist auch einer der ersten Schankbetriebe im Weindorf. Schon vor 100 Jahren soll der Hof als Buschenschank genutzt worden sein.

INFO

Torgglkeller
Bichl 2
39052 Kaltern
Tel. +39 0471 96 34 21
www.torgglkeller.com

Familie Atz

Hotel Jagdhof €

Restaurant

Geöffnet von Ostern bis Allerheiligen von 11–23.30 Uhr

Sonntag geschlossen

Besichtigung nicht möglich

wandern

Kardatscher Tal–Möslen–Rundwanderung

Diese leichte Wanderung führt durch Weinberge und Wald und startet am zentralen Rottenburger Platz. Über die Mendelstraße, den Maria-von-Mörl-Weg und die Europastraße in den Lavardiweg, von dort weiter auf dem Kardatscher Wanderweg (Markierung 11C) über eine Steigung hinauf zu den Möslen (Sportanlagen). Auf der Altenburger Straße zunächst nach rechts in Richtung Kaltern, bei den ersten Häusern links in den Malgaweg abzweigen. Beim nächsten Hinweisschild rechts hinunter zur Talstation der Standseilbahn und von dort über die Promenade zurück zum Rottenburgerplatz. Über die Goldgasse hinunter, am Marktplatz vorbei gelangt man zum Torgglhof, wo man gemütlich einkehren kann.

Gehzeit: 2 Std.

Schwierigkeit: leicht und unproblematisch

Höhenunterschied: 180 m

Der Ansitz Windegg (der weiße Kubus im Vordergrund) passt sich gut in das Gesamtensemble des Weindorfes Kaltern ein.

19 Ansitz Windegg

Viereckbau mit Weintradition

Der Blick vom Palmengarten des Hauses schweift hinunter zum Kalterer See. Dazwischen liegen nur Weinreben, die zu Kaltern gehören wie die Olivenbäume zur Toskana. Dieses einmalige Empire-Haus, zu altösterreichischen Zeiten auch Schloss Windegg genannt, befindet sich am Rande des Ortskerns von Kaltern. Hier kann stilvoll gegessen bzw. ein gutes Glas Wein getrunken werden.

Kaltern ist reich an alten und malerischen Häusern mit Erkern, steingerahmten Torbögen, Wappen, Rundbogenfenstern und schmiedeeisernen Gittern; Bauten, die vorwiegend aus dem 16. und 17. Jahrhundert stammen. Reste hochmittelalterlicher Baubestände sind allenfalls noch in den Kellern sichtbar. Dieses Herrenhaus hingegen ist ein regelmäßiger Viereckbau mit symmetrischer Raumaufteilung und strengen, klassizistischen Formen. An einer Ecke sind die breiten Mauern eines alten Wohnturmes eingebaut. Der Hauptsaal im ersten Stock besticht durch eine hervorragend gemalte und gut erhalten gebliebene Säulenarchitektur mit Götterstatuen und edlem Terrazzo. In einem Eckzimmer, dem sogenannten Akaziensaal, sind hingegen gemalte Akazien an den Wänden, Götterstatuen zwischen sattgrünem Blattwerk und ein venezianisch anmutender Wolkenhimmel an der Decke zu bewundern. Von schlichterer Schönheit ist der Blaue Saal mit einer Rosette an der Decke und dem leuchtenden Blau an den Wänden. Blickfang ist ein Bösendorfer-Flügel.
Die Speisekarte in Windegg ist mediterran, aber auch asiatisch angehaucht: So finden sich darauf ein asiatischer Vorspeisenteller, pikante Hühnersticks und Frühlingsrollen auf Salat, aber auch mediterrane Gerichte wie Kartoffelgnocchetti mit schwarzem Sommertrüffel, Tagliolini mit Pesto, Garnelenspieß und Hühnerbrust. Daneben fehlen auch heimische Spezialitäten wie Gries- oder

Legende

Maria von Mörl ist in die Geschichte eingegangen als ekstatische Jungfrau von Kaltern, zu der zahlreiche Gläubige pilgerten, in der Hoffnung, an den mystischen Erfahrungen der Jungfrau teilhaben zu können. Maria von Mörl wurde am 16. Oktober 1812 in Kaltern geboren und von ihrer frommen Mutter erzogen. Von ihrem 20. Lebensjahre an bemerkte Pater Capristan, dass Maria nach der Spendung des Sakramentes in Ekstase versank, die am Fronleichnamstage 1832 bereits 36 Stunden dauerte. Die Kunde von dieser Erscheinung verbreitete sich sehr rasch und von weit und breit wallfahrteten fromme Katholiken nach Kaltern. Von Ende Juli 1833 bis zum 15. September desselben Jahres zogen 40.000 Leute aller Stände an ihrem Krankenlager vorüber. All dieser Lärm war an der Ekstatischen vorübergegangen, ohne sie berührt zu haben; immer tiefer versenkte sich ihr Geist in die Geheimnisse des Jenseits. Seit 1836 zeigten sich auf ihren Händen und Füßen die Wundmale Christi. 1841 trat sie in das Kloster der Tertiarschwestern in Kaltern ein. Dort empfing sie die Prominenz Europas, Prinzen und Herzöge, zwei Kaiserinnen, Politiker und Kirchenfürsten. 1868 verstarb Maria von Mörl.

Leberknödelsuppe, Schweinsmedaillons oder Pfeffersteak nicht. Vorliebe zeigt die Windegg-Küche für Fischgerichte. Ein Auszug aus dem Angebot: Fischsuppe, Risotto mit Meeresfrüchten, gratinierte Jakobsmuscheln und gebackene Garnelen. Und schließlich noch die Desserts mit den Klassikern der italienischen Süßspeisen: Panna cotta, Profiteroles, Schokoladenmousse.
Windegg ist aber auch eine Vinothek – angesichts der Tatsache, dass die Besitzerfamilie Brigl zu den alteingesessenen Winzerfamilien Südtirols gehört, keine Überraschung. Und so können die diversen Brigl-Weine, aber natürlich auch jene der Winzerkollegen in freundschaftlicher Runde degustiert werden.

Geschichte

Der mittelalterliche Wohnturm befand sich ursprünglich im Besitz der Herren von Rottenburg, ehe er um 1390 im Besitz der Herren von Reinisch nachweisbar ist. Als diese im 15. Jahrhundert ausstarben, gelangte Windegg zunächst in den Besitz der Nonsberger Familie de Moris, nach 1746 durch Erbschaft und Kauf in jenen der Grafen Puli in Verona und anschließend in jenen der Freiherren von Cles. 1817 wurde das Anwesen von Johann Nepomuk von Schasser angekauft, der den heutigen klassizistischen dreigeschossigen Bau errichtete, in den er den mittelalterlichen „Reinischturm" einfügte. Seit 1962 befindet sich der Ansitz im Besitz von Ignaz Brigl, der 1998/99 eine fachgerechte Restaurierung vornahm.

Info

Ansitz Windegg
Windegg 3
39052 Kaltern
Tel. +39 0471 96 51 13
www.windegg.it

Familie Brigl

Restaurant und Vinothek

Öffnungszeit: ab 17 Uhr

Ruhetag: Sonntag

Regelmäßige Veranstaltungen

Besichtigung nicht möglich

wandern

Seewanderweg

Parkplatz Trutsch (gegenüber Ansitz Windegg)–Alter Trutscherweg–Kalterer See

Vom Parkplatz Trutsch führt neben der Fahrstraße ein schmaler Weg, der sogenannte Alte Trutscherweg, über die Markierung 3 bis hinunter zum Kalterer See: ein wunderschöner Spaziergang durch Obstgärten und Weinberge mit teilweise deutlichem Gefälle. Der Rückweg erfolgt über den Hinweg.

Gehzeit: 1 Std.

Schwierigkeit: bequeme Wanderung

Höhenunterschied: 200 m

20 Schloss Sallegg

Im Namen des Rosenmuskatellers

Der Rosenmuskateller ist Passion und Lebensaufgabe für Graf Kuenburg, Besitzer von Schloss Sallegg. Sein sizilianischer Urgroßvater hatte nämlich die Rebsorte von der Mittelmeerinsel an den Kalterer See gebracht und ließ sie hier mit Erfolg heimisch werden. Heute ist der süße Rosenmuskateller Aushängeschild eines Betriebes, der gleich einem französischen Château mitten im Weindorf Kaltern liegt.

Die Vinothek des Weingutes Castel Sallegg

Schloss Sallegg ist eine ausgedehnte, heute zweigeteilte Anlage um einen geräumigen Innenhof, zu dem sich ein Tor in Rustikarahmung mit Wappenstein und der Jahreszahl 1604 öffnet. Zum einen umfasst der Ansitz den Privatbereich der Grafen Kuenburg mit schön ausgeschmückten Zimmern und einem prunkvollen, marmornen Stiegenhaus, der für die Öffentlichkeit nicht zugänglich ist. Zum anderen ist Sallegg Gutskellerei samt Vinothek. Bei telefonischer Anfrage werden kleine Gruppen bis zu 20 Personen durch die Kellerei geführt. Dabei geht es nicht weniger als elf Meter und drei Stockwerke tief hinunter in einen vor rund 100 Jahren freigelegten und mit Barriquefässern gefüllten Keller. Anschließend können die schlosseigenen Weine in der neuen Vinothek verkostet und gekauft werden. Es ist zudem geplant, im Innenhof Tische und Stühle aufzustellen, damit die Gäste auch dort gemütlich bei einem guten Glas Wein zusammensitzen können.

Der Weinbetrieb

Graf Kuenburg hat in Bezug auf seinen Wein klare Vorstellungen. Er bevorzugt Rebsäfte mit Charakter, klaren Konturen und Profil. Er ist ein Liebhaber des wohl traditionellsten aller Südtiroler Weine, des Vernatschs, den er wegen seiner Leichtigkeit und Unkompliziertheit schätzt. Ein weiterer Favorit des Grafen ist der Merlot, der hier in zwei Varianten ausgebaut wird und einen wundervollen, körperreichen Rotwein hervorbringt.

Das Weingut bzw. die private Kellerei ist ein Südtiroler Betrieb von mittlerer Größe. 120.000 Flaschen werden jährlich abgefüllt – alle Trauben stammen aus eigenem Anbau. Die Hauptverkaufsmärkte liegen traditionell in Deutschland und Italien; neuerdings immer mehr auch in den USA. In den Weinbetrieb wurde in den vergangenen Jahren viel investiert. Die Keller wurden modernisiert, die Weinberge neu angelegt und auf die Guyot-Erziehung umgestellt. Neben dem ausgezeichneten Rosenmuskateller wird eine breite Angebotspalette produziert: Lagrein und Merlot, Vernatsch, Blauburgunder und Cabernet bei den roten Sorten, Weißburgunder und

Chardonnay, Ruländer, Sauvignon und Gewürztraminer bei den weißen Rebsorten. Die antiken Kellergewölbe der Gutskellerei befinden sich hinter den dicken Mauern des Schlosses und reichen wie bereits erwähnt elf Meter unter die Erde – ideal für konstante Temperaturen und ein langsames Heranreifen des Weines. Die insgesamt 30 Hektar großen Weinberge liegen rund um den Kalterer See und um das Schloss, wobei am See vor allem Rotweinsorten gedeihen. In den Handel kommen jährlich rund 65 Prozent Rot- und 35 Prozent Weißweine.

Tief unten im Keller schhlummern die Weine des Betriebes.

Der Rosenmuskateller

Der Rosenmuskateller ist der bekannteste Wein des Grafen Kuenburg. Die Trauben für den Rosenmuskateller wachsen in St. Josef am See auf Schotterstein und Grödner Sandstein. Warme, luftdurchlässige Böden und ein besonderes Mikroklima sind für die Güte der Trauben verantwortlich. Ähnlich dem Vernatsch werden die Trauben auf Pergolas gezogen und zwischen Mitte und Ende Oktober gelesen. Der Süßwein reift mindestens zwei bis drei Jahre im Holzfass und erinnert in seinen Aromen an leicht verwelkte Rosenblätter, Gewürze und im Abgang an Zitrusfrüchte oder auch Pfirsichnoten. Er kann als Aperitif, aber auch als Dessertwein getrunken werden und passt sehr schön zu Gänseleber, zu einem Gericht wie Melone mit Feigen oder auch zu verschiedenen Blauschimmelkäsen wie Stilton, Roquefort oder Gorgonzola. Gute Jahrgänge können lange eingekellert und auch nach 30 Jahren entkorkt werden. Die Verarbeitung des Sallegger Rosenmuskatellers weist aber eine besondere Eigenart auf: Der Rosenmuskateller wird nicht als Süßwein ausgebaut, sondern wie ein Rotwein verarbeitet. Das erlaubt ihm eine Frische im Abgang, die den süßen Kollegen fremd ist. Insgesamt beträgt die Jahresproduktion 2000 halbe Flaschen, die das Ergebnis von einem Hektar Anbaufläche sind. Wohl diese Rarität und Besonderheit dürften einen bekannten Weinjournalisten vor kurzem veranlasst haben, Georg Graf Kuenburg als Gralshüter des Südtiroler Rosenmuskatellers zu bezeichnen.

Der Torbogen am Eingang zu Sallegg

Die Legende will, dass der Rosenmuskateller von einem Kaufmann auf seiner Reise vom Orient in den Okzident auf dem Rücken eines Kamels in den Mittelmeerraum gebracht worden sei. Der Ursprung der Rebsorte liegt vermutlich im Kaukasus, später hat sie sich in Dalmatien heimisch gemacht. Andere behaupten, dass der Rosenmuskateller aus Südamerika importiert worden sei und wieder andere sind davon überzeugt, dass er Ergebnis zufälliger Mutationen sei. Der Name verweist viel mehr auf die rötlichen Beeren als auf den Duft von Rosen. Da diese Rebsorte sehr stark von der Muskatellertraube differenziert, klassifizieren sie einige Fachleute als eigenständige Varietät, die im aromatischen Profil und in der Struktur klar erkennbar ist. Das Aroma ist vollmundig, süß und würzig. Der Rosenmuskateller ist eine sehr empfindsame Rebsorte, die anfällig für Schädlinge ist. Die geernteten Trauben sind wahre Zuckerkonzentrate und weisen unverwechselbare Aromen

auf. Der daraus gewonnene Wein ist eine Offenbarung an Weichheit und Geschmack. Er sollte weder zu warm, aber auch nicht zu kalt serviert werden.
Was hat dies alles mit Schloss Sallegg zu tun? Eigentlich sehr viel, denn es war der Urgroßvater des derzeitigen Besitzers, Principe di Campofranco aus Sizilien, der die besondere Rebsorte nach Südtirol gebracht hat. Er hatte sich in die damalige Besitzertochter von

Schloss Sallegg verliebt, diese geheiratet und nach Kaltern gezogen. Am Kalterer See erkannte er günstige Wachstumsbedingungen für die Rebsorte. Auf Sizilien ist der Rosenmuskateller heute längst Vergangenheit, in Südtirol gedeiht er auf rund zehn Hektar und wird je nach Betriebsphilosophie ausgebaut – zumeist als Passito.

Geschichte

Von den Ursprüngen Salleggs ist nur wenig bekannt. Im 16. Jahrhundert sollen die Herren von Sall den Ansitz gebaut haben, der schließlich um 1600 an die Edlen von Zill übergegangen sein dürfte, die den Nordtrakt hinzufügten. In der Folge gelangte der Ansitz in den Besitz der Herren Sepp von Seppenburg, die im 18. Jahrhundert das Adelsprädkat von Sallegg führten. 1787 erwarben die Freiherren von Unterrichter die Anlage, die 1851 von Erzherzog Rainer von Österreich, Vizekönig von Lombardo-Venetien, angekauft wurde. Durch Erbfolge über den Fürsten Heinrich von Campofranco gelangte der Ansitz samt Weingütern 1922 an die Grafen von Kuenburg, die ihn nun in dritter Generation privat bewohnen und bewirtschaften.

Info

Castel Sallegg
Unterwinkel 15
39052 Kaltern
Tel: +39 0471 96 31 32
www.castelsallegg.it

Graf Kuenburg

Detailverkauf: Montag bis Donnerstag 8–12 und 13.30–17.30 Uhr, Freitag von 8–12 und 13.30–16.30 Uhr

Weingutbesichtigung nach telefonischer Vereinbarung

Samstag und Sonntag geschlossen

Besichtigung des Schlosses nicht möglich

wandern

Kaltern (Rottenburger Platz)–Schloss Sallegg–Eislöcher

Ausgangspunkt dieser durch Weinberge und Wald führenden Wanderung ist der zentrale Rottenburger Platz (Parkmöglichkeit). Den Mühlenweg hinauf, direkt an Schloss Sallegg in Mitterdorf vorbei und weiter über den Krumbacher Weg zum Morandell-Platz. Um das burgähnliche Schloss Kampan herum und weiter über den Garnellenweg in Richtung Oberplanitzing. Der Markierung Nr. 15A bzw. 15 (Hinweisschilder Eislöcherweg) folgen. Die Eislöcher sind ein mikroklimatisch interessantes Phänomen in der Gemeinde Eppan. Rückweg über denselben Weg wie beim Hinweg (Möglichkeit der Variation von Weg Nr. 15 und 15A).

Gehzeit: 2 Std.
Schwierigkeit: keine
Höhenunterschied: 130 m

21 Schloss Ringberg

Einst Liebesnest des Landesfürsten?

Schön eingebettet inmitten von Weinreben steht Ringberg erhaben und stolz auf einer Hügelkuppe und bietet einen herrlichen Blick auf den Kalterer See. Architektonisch ist Ringberg eigentlich ein typischer Überetscher Ansitz aus dem 17. Jahrhundert, doch wegen seiner Größe wird der Ansitz oft als Schloss bezeichnet. Heute beherbergt es ein Feinschmeckerrestaurant: das Castel Ringberg.

Breit und erhaben zeigt sich Schloss Ringberg

Geschichte

Die Geschichte Ringbergs ist durchaus kurios und wirft so manche Fragen auf. So ist nämlich zum Beispiel bis heute nicht eindeutig nachvollziehbar, wie im 17. Jahrhundert die aus bescheidenen Verhältnissen stammende Familie Boneth diesen prächtigen und großzügigen Ansitz bauen konnte. Möglicherweise hängt dies mit der Großzügigkeit des damaligen Erzherzogs Ferdinand Karl, Landesfürst von Tirol, zusammen, der schon im ersten Jahr seiner Regierung im Jahre 1646 das in seinem Besitz befindliche Gebäude samt umliegendem Grund Franz Benno Boneth überließ, der im Dienste der landesfürstlichen Regierung in Innsbruck stand. Viel wird darüber gemunkelt, der Landesfürst habe es sich ausbedingt, zwei, drei Male im Jahr dort einzukehren, um, wie böse Zungen behaupten, weit weg von Zuhause ungestört seine Liebesabenteuer ausleben zu können. Deshalb, so wird zumindest von einigen behauptet, habe der Landesfürst auch einen Großteil der Baukosten für den neuen schönen Ansitz, den Boneth errichten ließ, übernommen; nicht umsonst ging er als „Verschwender auf dem landesfürstlichen Thron" in die Geschichte ein. Erzherzog Ferdinand Karl starb im Dezember 1662 in Kaltern, vermutlich wohl auf Ringberg. Über die Todesursache gibt es keine genaue Verbriefung: Die einen sprechen „von einer hitzigen Krankheit", die anderen von „Kindsblattern".

Die Boneths konnten das Anwesen noch einige Zeit in ihrem Besitz halten, am Beginn des 18. Jahrhunderts wurde der Besitz von Ringberg allerdings geteilt: Die eine Hälfte ging an die Familie von Weinberg, die andere an die Familie von Greifenfels. Etwa hundert Jahre später wurde der Ansitz wieder in einer Hand vereint, allerdings mit mehrmaligem Besitzerwechsel. 1928 erwarb die Weinkellerei Wilhelm Walch den Ansitz. Familie Walch war und ist es auch heute ein Anliegen, das prächtige Anwesen öffentlich zugänglich zu machen; zuerst mit dem Südtiroler Weinmuseum von 1955 bis 1987 und später mit einem Restaurant sowie einer Stätte für gediegene Feiern.

Das Restaurant

Das Gastronomenpaar Claudia Pitscheider (zuständig für das Süße) und Stefan Unterkircher (diplomierter Diätkoch) verwöhnt die Gäste: Die Küche ist mediterran geprägt, nimmt asiatische Einflüsse auf, verliert dabei aber nicht die Bodenhaftung. Und so kommen

Gerichte wie Sashimi mit grünem Meerrettich und Sojagelee auf den Tisch, aber auch Zanderfilet an Zitronengrasjus bzw. Hirschtagliata mit Ingweräpfeln. Traditionalisten seien aber beruhigt: Wer auf seine Rindswangerln nicht verzichten will, erhält diese natürlich serviert. Von der Panoramaterrasse bietet sich zudem ein herrlicher Blick auf den grünlich-blau schimmernden Kalterer See. Solch erlesenes Ambiente ist natürlich wie geschaffen für besondere Anlässe wie Hochzeiten und andere Feierlichkeiten.

Das Weingut

Die Lage eines Weinbergs, das Zusammenspiel zwischen Boden und Mikroklima sowie die schonende, auf Qualität setzende Bearbeitung sind die prägenden Elemente für einen Wein. Das Weingut Castel

Ringberg bringt sowohl gute Weißweine als auch ausgezeichnete Rotweine hervor. Die Quereinsteigerin Elena Walch begann vor Jahren, die Produktion konsequent auf Qualität zu trimmen - der Erfolg gab und gibt ihr Recht. Heute zeitigen auf diesen schotterigen und sandigen Böden vor allem der Merlot und der Cabernet Sauvignon, die zwei französischen Rebsorten par excellence, große Weine, die auch von renommierten Weinfachzeitschriften und -führern mehrfach ausgezeichnet wurden. In höheren Lagen des Ringberger Weingutes werden reinsortige Weißweine angebaut: Sauvignon, Chardonnay, Riesling, Pinot grigio (Ruländer). Besondere Erwähnung verdienen auch die beiden autochthonen Sorten Lagrein und Kalterersee.

Info

Castel Ringberg
St. Josef am See 1
Kaltern
Tel. +39 0471 96 00 10
www.castel-ringberg.com

Restaurant und Cafè

Ruhetag Dienstag

Geöffnet von März bis Jänner

Einige Veranstaltungen und Ausstellungen

wandern

Barleiterweg

Kaltern (Europastraße)–Barleiterweg–Schloss Ringberg–Kalterer See–Kaltern

Diese schöne Wanderung durch Weingärten führt von der Europastraße in den Barleiterweg. Dabei immer dem Weg Nr. 12 folgen. Schon bald nach dem Barleiter Hof führt der Weg hinunter zu Schloss Ringberg. Wieder auf den Weg Nr. 12 zurück und weiter hinunter in Richtung Kalterer See. Die Rückkehr ins Dorfzentrum von Kaltern erfolgt über den Hinweg oder per Bus.

Gehzeit: 1 Std.

Schwierigkeit: einfache Wanderung

Höhenunterschied: 220 m

22 Leuchtenburg

Das Wahrzeichen von Kaltern

Hier wollte jemand von außen gut sichtbar sein, wollte imponieren und auf sich aufmerksam machen - möglicherweise ist dies die Erklärung, weshalb die Leuchtenburg an dieser äußert exponierten Stelle und weithin sichtbar auf einer hohen Felsenkuppe des Mitterberges erbaut wurde. Jedem Besucher am Kalterer See dürfte die hohe Schutzmauer am Waldhügel bereits aufgefallen sein.

Ein Bild zum Hinschmelzen: die Leuchtenburg im herbstlich-winterlichen Glanz

Das Wahrzeichen Kalterns und des Kalterer Sees liegt eigentlich im Gemeindegebiet von Montan, doch angesichts der touristischen Bedeutung des Kalterer Sees wird die Leuchtenburg gerne als Teil Kalterns angesehen. Ins Auge stechen von weitem die hohe Schild-

sage

Die Erbsen bei Leuchtenburg

Am Burghügel der Leuchtenburg, die einst den Herren von Rottenburg gehörte, wachsen die schönsten Erbsen, wild und ungesät. Das rührt von der Zeit her, als die hl. Notburga dort in Diensten stand. Diese fromme Magd ging täglich einmal vom Schlosse herunter und brachte den Armen Speise und Trank. Dabei verlor sie einmal mehrere Erbsen. Am Steige, auf dem sie ging, wachsen seitdem die besagten Erbsen, die niemals aussterben werden.

(aus: Sagen aus Tirol, gesammelt und herausgegeben von Ignaz V. Zingerle, Innsbruck 1891, Nr. 852, S. 497.)

Der Kalterer See mit seinem Wahrzeichen im Hintergrund: die Leuchtenburg

mauer und die abgerundete Form der immer noch beeindruckenden Ruine.

Geschichte

Auch wenn kein genaues Erbauungsjahr der Burg bekannt ist, so herrscht doch weitgehend Konsens darüber, dass sie in der ersten Hälfte des 13. Jahrunderts errichtet wurde. An die Hauptburg, die von einer auffallend hohen Ringmauer eingeschlossen ist, schließt sich im Osten und Süden jeweils eine geräumige Vorburg an.
Möglicherweise befand sich die Burg bereits ab 1250, sicherlich aber ab dem 14. Jahrhundert im Besitz der mächtigen Herren von Rottenburg. Nach ihrem Aussterben am Beginn des 15. Jahrhunderts kam die Burg als landesfürstliches Pflegschaft an verschiedene Adelsgeschlechter, seit 1610 ist sie allerdings unbewohnt und verfiel langsam, aber unausweichlich. Das Mauerwerk wurde im 20. Jahrhundert konserviert.

Info

Leuchtenburg
Tourismusverein Kaltern am See
Marktplatz 8
39052 Kaltern
Tel. +39 0471 96 31 69
www.kaltern.com

Außenansicht der Ruine zu besichtigen

wandern

Kalterer See (Klughammer)–Leuchtenburg

Vom Parkplatz Kreithof in Klughammer am Kalterer See führt der gut ausgeschilderte und markierte Weg 13A durch Wiesen und Wald zur Leuchtenburg. Der Rückweg erfolgt über den Weg Nr. 13B, der direkt bei der Ruine startet und eine Rundwanderung ermöglicht.

Gehzeit: 1 3/4 Std.
Schwierigkeit: steil, aber nicht schwer
Höhenunterschied: 300 m

Auf einer Porphyrkuppe gelegen: Castelfeder

23 Castelfeder

Das „Klein-Griechenland" von Montan

Beeindruckend ist nicht nur die Aussicht, sondern auch die Vielfalt an Sagen und Legenden, die sich um die Ruine Castelfeder ranken. Castelfeder, heute als Biotop ausgewiesen, ist eine prähistorische und römische sowie frühmittelalterliche Ausgrabungsstätte auf einem einstmals strategisch wichtigen Porphyrhügel bei Montan oberhalb von Auer.

Eigentlich bestünde kein Grund, die unscheinbaren Mauerreste in diesen Führer aufzunehmen, doch ein Besuch der flach gewölbten, von Gletschern abgeschliffenen Porphyrkuppe ist ein äußerst lohnenswerter Ausflug zurück in die Vergangenheit. Schon Propst Josef Weingartner (1885-1957), ein ausgewiesener Kenner der Südtiroler Kunstdenkmäler, meinte: „Selbst für einen archäologisch nicht weiter interessierten Wanderer zählt Castelfeder zum Schönsten und Anregendsten, was ihm die Südtiroler Landschaft zu bieten hat."

sage

Der Geist verfolgt die Schatzgräber

In einer mondhellen Sommernacht des Jahres 1848 begaben sich drei Burschen von Auer auf den Castelfederberg hinauf, um Schatz zu graben. Als sie mit der Arbeit begonnen hatten, erschien plötzlich ein Geist und jagte sie mit drohenden Gebärden davon. Zwei dieser Burschen fielen auf der Flucht über kleinere Felswände hinab, kamen jedoch mit geringen Verletzungen davon. Schlimmer erging es dem dritten; denn diesen verfolgte der Geist bis ins Dorf Auer hinab. Dort angelangt, stieg der Flüchtling über die Mauern der Weingärten und zog sich, um besser laufen zu können, die Stiefel aus. Das Gespenst aber folgte ihm auf dem Fuße nach, und wenn es ganz nahe hinter ihm war, schrie es: „Jetzt hab' ich dich!" Endlich schien es ihn wirklich erreicht zu haben, streckte die Knochenhand nach ihm aus und rief triumphierend: „Jetzt bist du mein!". In dem Augenblick schlug es 4 Uhr früh und vom Pfarrturm ertönte die Betglocke. Da verschwand der Geist plötzlich. Der Bursche kam, zu Tode erschöpft, nach Hause und starb wenige Tage darauf infolge des erlittenen Schreckens.

(aus: Johann Adolf Heyl, Volkssagen, Bräuche und Meinungen aus Tirol, Brixen 1897, S. 473)

Und mit dieser Liebeserklärung steht Weingartner nicht alleine da. Es waren die Maler der Romantik, die von Castelfeder als „Arkadien Tirols“ schwärmten und damit den Bogen zum Hochland des griechischen Peloponnes spannten. Insofern ist auch die Bezeichnung „Klein-Griechenland“ nahe liegend. Sogar vom „Pompeji Südtirols“ hört man geläufig, wohl wegen des uralten Mauerwerks, der antiken Ruinen und der vorgeschichtlichen Spuren.

Geschichte

Archäologische Funde wie Urnengräber mit Grabbeigaben, die ins 2. Jahrtausend vor Christus zurückreichen, sowie Brandopferplätze lassen auf eine Besiedelung des sagenumwobenen Hügels von Castelfeder bereits in prähistorischer Zeit schließen. Um 500 n. Chr. wurde an dieser Stelle schließlich eine ausgedehnte Befestigungsanlage, wohl zum Schutz gegen die Germanen, errichtet. Sie war von einem starken Mauerring umschlossen, dessen Ruinen (sogenannte Kuchelen) noch sichtbar sind. Die architektonischen Merkmale dieser Anlage sind wiederholt mit byzantinischen Befestigungen verglichen worden, unter anderem mit der Westmauer von Konstantinopel. Wie die Innenbebauung der Befestigung ausgesehen haben mag, kann heute nicht mehr nachvollzogen werden. Möglicherweise könnten einst bis zu 160 Häuser hinter der dicken Schutzmauer gestanden haben. Im frühen Mittelalter wurde die Anlage als Fluchtburg benützt und mag vielleicht als Grenzfestung gegen die Langobarden gedient haben. Am höchsten Punkt der ruinenbestandenen Hügelkuppe sind Reste des in seinen Grundmauern wohl ins 7. Jahrhundert zurückreichenden Barbarakirchleins erhalten, das ursprünglich den hll. Vigilius und Laurentius geweiht war.

Die Bedeutung Castelfeders geht bis in prähistorische Zeiten zurück.

Der Name Castelfeder wird heute von den meisten Forschern von einem Castel vetus (= alte Burg) abgeleitet. Belegt ist diese Bezeichnung in einer Verkaufsurkunde der Brüder Nikolaus und Heinrich von Enn an Bischof Konrad I. von Trient aus dem Jahre 1203. Zu jener Zeit dürfte das sogenannte Schloss Alt-Enn nicht mehr in bestem Zustand gewesen sein, schließlich hatten die Herren von Enn bereits 1172 eine neue Burg oberhalb Montan erbauen lassen. Als 1280 die Abtretung von Alt-Enn an Graf Meinhard II. von Tirol-Görz erfolgte, wurde sie nur mehr als Burgstall bezeichnet. Während nach wie vor viele Details der Befestigungs- und Siedlungsanlage auf dem Felsenhügel zwischen Montan und Auer ungeklärt sind, sind auch heute noch zahlreiche Geschichten von Gespenstern und sonderbaren Gestalten auf Castelfeder weit verbreitet. Und selbst die höchste Erhebung des Felsenhügels Castelfeder trägt ja einen wenig beruhigenden Namen: Rabenkofel!

Info

Feriendestination Castelfeder
Hauptplatz 5
39040 Auer
Tel. +39 0471 81 02 31
www.castelfeder.info

Frei zugängliche Ruine

wandern

Auer–Castelfeder–Auer

Vor der ersten Linkskurve der Straße Auer–Montan befinden sich einige Parkmöglichkeiten. Von dort dem Weg Nr. 5 folgend durch den Wald empor, bis man zu einer Panoramatafel gelangt. Von dort dem Weg Nr. 5A folgen und über karge Wiesen, vorbei an einzelnen Eichen bis zum Wurmsee, einem kleinen Tümpel. Hier rechts abbiegend, teilweise vorbei an den alten Mauerresten, zum höchsten Punkt von Castelfeder empor. Der Rückweg erfolgt über den Hinweg. Panoramatafeln, die wertvolle Informationen zum Biotop und Naturschutzgebiet Castelfeder bieten, säumen den Spazierweg.

Weglänge: 2 km
Schwierigkeit: leicht
Höhenunterschied: 150 m

Hereinspaziert durch das runde Tor und sie sind in der Jausenstation angekommen.

24 Schlosskellerei Turmhof

Dieser Wein ist das Höchste!

Weit über die Landesgrenzen hinaus bekannt ist die Schlosskellerei Turmhof wohl wegen eines Weines: wegen des Müller Thurgau Feldmarschall Fenner zu Fennberg. Die Trauben für diesen Wein wachsen nämlich in der Bergfraktion Fennberg auf über 1000 Metern heran – ein europäischer Rekord. Der historische Ansitz samt Weinkellerei und Jausenstation liegt hingegen im Tale in der Fraktion Entiklar. Dort ist nicht zuletzt auch ein Märchenpark zu bestaunen.

Die zur Gemeinde Kurtatsch gehörende Schlosskellerei schmiegt sich lieblich in die Landschaft am Fuße des Mendelstockes, an einem Ort, der schon zu vorgeschichtlichen Zeiten besiedelt war, wie Funde aus Stein, Bronze und Eisen belegen. Heute führt die Familie Tiefenbrunner in familiärer Tradition die in einer geschützten Einbuchtung liegende Schlosskellerei samt Jausenstation, wobei insbesondere der um den historischen Ansitz angelegte Park zum Träumen anregt.

Der Märchengarten

Der Märchengarten hat etwas Magisches an sich. Johann Tiefenbrunner hat ihn Ende des 19. Jahrhunderts in mühevoller Kleinstarbeit eigenhändig angelegt. Eine Bergwelt mit Gipfeln, Höhlen und Grotten, Seen und Inseln ist hier auf engstem Raum nachgebildet. Sagengestalten und biblische Szenen sowie mehr oder weniger fantastische Kreaturen aus dem Menschen- und Tierreich umgeben einen zauberhaften Weiher und überraschen den Besucher immer wieder aufs Neue. Heute ist es Seniorchef und Hausherr Herbert

Tiefenbrunner, der die neugierigen Besucher durch den Garten führt und mit allerlei Anekdoten aufwartet. Die geführten Besichtigungen finden in der Regel von Ostern bis Allerheiligen jeden Dienstag und Freitag um 10.30 Uhr statt.
Nach dem Besuch im Märchenpark ist eine Einkehr in der Jausenstation inmitten eines gut gepflegten Schlossgartens mit uralten Bäumen anzuraten. Bei schlechtem Wetter kann man in die Stuben des Hauses ausweichen. Hausherrin Hilde Tiefenbrunner hat die Jausenstation vor nunmehr 40 Jahren eröffnet und führt sie auch heute noch. Aufgetischt werden Marenden mit Speck, Kaminwurzen und Käse sowie eine hauseigene Leberpastete – natürlich begleitet von den schlosseigenen Weinen.

Die Kellerei

Das Weinmachen ist das Metier des Seniorchefs Herbert Tiefenbrunner und seines Sohnes Christof. 700.000 Flaschen werden jährlich produziert, vornehmlich Weißweine, aber auch gute Rotweine. Die Weinberge liegen vorwiegend an den nach Süden ausgerichteten Schlossberghängen auf lehmigen, kalkreichen Böden. Produziert wird in vier Linien: Classic, Classic plus, Castel Turmhof und die Toplinie Linticlarus. Geführte Besichtigungen finden von Ostern bis Allerheiligen jeden Dienstag um 17 Uhr statt.
Ursprung des Turmhofer Spitzenweins ist die Kurtatscher Bergfraktion Fennberg hoch oberhalb des Schlosses. Hier gedeiht auf über 1000 Metern (einige meinen, es sei dies der höchstgelegene Weinberg Europas) ein besonderer Wein mit einem besonderen Namen: Feldmarschall Fenner zu Fennberg. Der Müller Thurgau erhielt den Namen zu Ehren des hier geborenen Feldmarschalls, der im Tiroler Freiheitskampf 1809 gegen die Franzosen bestand. Er starb nach weiteren Einsätzen im Dienste des österreichischen Kaiserhauses 1824 in Galizien an der Ostgrenze des Reiches. Beigesetzt wurde er an der Gruft am Bergisel in Innsbruck. 20.000 Flaschen jährlich werden von diesem Ausnahmewein produziert; leider ist er immer schon ausverkauft, bevor er überhaupt in den Handel kommt. Mög-

Der schmucke Innenhof der Jausenstation

lich macht den Weinanbau auf über 1000 Metern ein ausgesprochen günstiges Mikroklima.

Geschichte

Bereits 1225 finden sich erste urkundliche Erwähnungen des einst als Linticlar bezeichneten Gutes. Der mittlere Turm dürfte aus dieser Zeit stammen, der gesamte Komplex mit Wohn- und Wirtschaftsgebäude wurde in der Folge dazugebaut. Etwa 100 Jahre später bezog das Domkapitel zu Trient auf Anordnung des Grafen von Tirol Wein von diesem Anwesen „Auf dem Püchel", auch als „mansu a coste" bezeichnet. Der Name Turnhof scheint erstmals 1537 auf, später auch die Bezeichnung „Thurner Hof". Als 1848 ein neues Grundbuch angelegt wurde, wurde schließlich aus Turnhof der heutige Turmhof. Seit über 300 Jahren wird um den Turmhof Weinbau betrieben. Und schon Mitte des 19. Jahrhunderts ernteten Weine des Schlossguts in Wien Lob und erhielten Auszeichnungen.
Der Turmhof besitzt für die Energiegewinnung ein betriebseigenes Kraftwerk. Das geschichtsträchtige Elektrizitätswerk wurde von Johann Tiefenbrunner im Jahr 1910 in Betrieb genommen. Bis nach

dem Zweiten Weltkrieg belieferte und versorgte dieses E-Werk zur Gänze die angrenzenden Dörfer Kurtatsch und Margreid. Danach wurde nur mehr Strom für den Eigenbedarf produziert. Im Herbst des Jahres 2000 wurde direkt neben dem bestehenden Wasserkraftwerksgebäude ein neues erbaut. Das alte Kraftwerk ist jederzeit einsatzbereit und bleibt als Museumsstück erhalten.

Info

Schlosskellerei Turmhof-Tiefenbrunner
Schlossweg 4
Kurtatsch/Entiklar
Tel. +39 0471 88 01 22
www.tiefenbrunner.com

Familie Tiefenbrunner

Burgschenke und Vinothek

Öffnungszeiten: Ostern bis Allerheiligen

Ruhetag: Sonntag

Kostenpflichtiger Eintritt für Kellerführung: Dienstag um 16.30 Uhr mit Weinverkostung; sowie Märchengarten: Dienstag und Freitag 10.30 Uhr

wandern

Kurtatsch–Entiklar–Margreid–Kurtatsch

Die Wanderung führt vom Kurtatscher Hauptplatz über die Endergasse und dann links abbiegend über die Angela-Nikoletti-Straße abwärts in den Weinlehrpfad nach Entiklar. Den Schildern des Weinlehrpfades folgend erfährt man allerhand Wissenswertes über den Weinanbau in dieser Gegend. Wenig später gelangt man zur asphaltierten Straße nach Entiklar (links abbiegen). Nach Erreichen der ersten Häuser von Entiklar rechts halten – Markierung 3A – und über die „Leiten" Richtung Margreid. Möglichkeit einer kurzen Einkehr im links unterhalb gelegenen Schloss Turmhof. Über die „Leiten" weiter ins Dorf Margreid.

Rückweg nach Kurtatsch wie Hinweg oder mit dem Bus.

Gehzeit: 2 ½ Std.

Schwierigkeit: leicht

Höhenunterschied: 200 m

Uneinnehmbar scheint die Haderburg am Felsen zu kleben.

25 Haderburg

Die Burg im hellen Wald

Düster und unnahbar schaut die Haderburg in die Tiefe. Schwindel erregend klebt sie auf einem Felszacken aus Kalkstein, gleich einem stillen Wächter der Salurner Klause. Hier befindet sich die deutsch-italienische Sprachgrenze. Salurn ist das südlichste Dorf Südtirols, genau auf halber Strecke zwischen den beiden Provinzhauptstädten Bozen und Trient.

Der Gedanke, dass die Bezeichnung Haderburg etwas mit dem Wort hadern zu tun habe, mag zwar auf dem ersten Blick nahe liegen, doch weit gefehlt: Das Name der Burg leitet sich aus der althochdeutschen Bezeichnung für heller Wald ab. Die Anlage nimmt weit mehr Platz ein, als dies vom Tal aus scheinen mag. Sie breitet sich nicht nur auf dem pfeilerartigen Burgfelsen aus, sondern erstreckt sich auch dahinter auf tieferen und höheren Felsstufen. Der heu-

Über Holztreppen ist die gesamte Ruine begehbar. Selbst eine kleine Jausenstation (rechts) befindet sich in der Haderburg.

tige Grundriss der Burg ist das Ergebnis mehrerer Erweiterungsarbeiten, die ursprüngliche Hauptburg bestand fürwahr nur aus dem Bergfried und dem kleinen Palas samt niedriger Zinnenmauer an der Talseite. Datiert wird der ursprüngliche Bau ins 13. Jahrhundert; später wurde eine Vorburg hinzugefügt, im 16. Jahrhundert errichtete man zur Verstärkung Eckrondelle, Zugbrücke, Seitenmauern und Geschützscharten. Heute sind nur mehr die Außenmauern über dem Felsenabgrund mit Fensteröffnungen und Zinnen sowie der Bergfried, immerhin vier Stockwerke hoch, erhalten. Letzterer

sage

Ein gewisser Patzeber, ein Bewohner von Salurn, stieg öfters zur Haderburg empor und soll dort eines Tages einen Weinkeller ausfindig gemacht haben, in dem drei dunkle Gestalten mit schwarzem Hut beieinander saßen. Ohne Angst näherte sich der Patzeber der Gruppe und die drei Männer luden ihn ein, ein Glas Wein zu kosten. Dieser war von außerordentlicher Qualität und die drei Männer boten ihm an, er könne so viel Wein mitnehmen, wie seine Arme zu tragen im Stande seien. Die einzige Auflage der drei Unbekannten: Er dürfe niemandem davon erzählen, woher der Wein stamme. Im Dorf wunderten sich aber gar einige, wo denn der gute Wein des Patzebers herkomme. Gar des Diebstahls wurde der Salurner bezichtigt. Dieser wusste nicht mehr ein noch aus und verriet, der Wein stamme aus dem Weinkeller auf der Haderburg. Daraufhin stiegen auch andere Salurner zur Haderburg hinauf. Von einem Weinkeller und Männern war aber weit und breit nichts zu sehen. Beim Abstieg schaute der Patzeber noch einmal zur Haderburg zurück und sah, wie die drei in schwarz gekleideten Männer einen Sarg durch die Haderburg trugen. Wenige Tage später soll der Patzeber verstorben sein.

besteht nicht wie der Schlossfelsen aus Kalkstein, sondern aus Porphyrblöcken, die wohl in mühevoller Arbeit hierher gebracht worden sind, vermutlich aus dem Cembratal.

Geschichte

Bereits 1222 ist die Anlage als tirolerisches Lehen im Besitz der Edlen von Salurn nachweisbar. Unter Graf Meinhard II. von Tirol-Görz wurde die auch als Castellum Salurnae bezeichnete Burg landesfürstlicher Besitz; 1349 soll sie im Krieg gegen Ludwig von Brandenburg belagert und schließlich gebrochen worden sein. In den folgenden Jahrzehnten wurde sie aber alsbald wieder aufgebaut. Anfang des 16. Jahrhunderts erfolgte eine Umgestaltung zu einer Wehrburg. 1577 gelangte die Burg in den Besitz der Philippine Welser, der Gemahlin Erzherzog Ferdinands II. Nach häufigem Besitzerwechsel und zunehmendem Verfall ging die Burg 1648 in den Besitz der venezianischen Familie des Grafen Zenobio, später Zenobio-Albrizzi, über. Dem Engagement des heutigen Besitzers, Baron Ernesto Rubin de Cervin Albrizzi, ist es zu verdanken, dass die Ruine saniert wurde und einer öffentlichen Bestimmung übergeben werden konnte.

Die Burgschenke

Die Burgschenke ist am Freitag, Samstag und Sonntag sowie an Feiertagen geöffnet und bietet 40 bis 50 Hungrigen und Durstigen Platz. Serviert werden einfache Gerichte wie Wienerschnitzel mit Pommes, Würstchen mit Senf, Gulaschsuppe, Kaiserschmarrn und Schlutzkrapfen. Auf Anfrage wird auch Fleisch gegrillt. Für eine mindestens zehnköpfige Gruppe wird an Wochentagen ebenfalls aufgetischt. Zudem bietet die Burgschenke den idealen Rahmen für diverse Feierlichkeiten. Während der Öffnungszeiten zwischen Ostern und Ende Oktober werden auf der Haderburg zahlreiche Veranstaltungen organisiert. Diese reichen vom Sektfrühstück und einer Autorenlesung über ein Konzert und die Darstellung mittelalterlichen Lebens bis hin zu Fachvorträgen und Ausstellungen rund um das Burgenleben. Das Programm ist alljährlich zur Eröffnung der Haderburg an den Osterfeiertagen im Internet unter „www.castellodisalorno.it" abrufbar, aber auch über den örtlichen Tourismusverein erfahrbar.

Der Weg der Visionen führt von Salurn hinauf zur Haderburg.

INFO

Haderburg
Trientstr. 53/c
39040 Salurn
Tel. +39 3342516694
www.castellodisalorno.it

Burgschenke

Öffnungszeiten: Von Ostern bis Ende Oktober an Freitagen, Samstagen und Sonntagen sowie an ausgewählten Feiertagen, jeweils von 10–20 Uhr

Kostenpflichtiger Eintritt

Ermäßigungen für Senioren, Gruppen, Kinder und Jugendliche

Frei für Kinder unter 10 Jahren und Salurner Bürger

Für größere Gruppen (10–15 Personen) besteht die Möglichkeit, die Burg auch wochentags zu besichtigen sowie der Beförderung von Invaliden

Regelmäßige Veranstaltungen

wandern

Weg der Visionen

So lautet der Name für den knapp einen Kilometer langen Forstweg, der 200 Meter vom großen Parkplatz an der südlichen Eingangsstraße des Dorfes entfernt steil hinauf zur Ruine führt. In mehreren Serpentinen und bei steilem Gefälle führt der breite, gesicherte Weg den Hang hinauf. Entlang des Weges haben Schüler aus Salurn ihre Vision einer Kulturen und Jahrhunderte übergreifenden Gesellschaft verwirklicht. An mehreren Stationen sind ägyptische Hieroglyphen, indianische Totems, Höhlenzeichnungen als Dauerausstellung zu sehen.
Eine weitere Wandermöglichkeit bildet der sogenannte Skulpturenwanderweg der Künstlerin Sieglinde Tatz Borgogno, der in der Fraktion Buchholz der Gemeinde Salurn startet und an einem steilen Hang im Schatten der Bäume unterhalb der St.-Ursula-Kirche angelegt ist. Der Weg kann von jedermann problemlos begangen werden.
Gehzeit Weg der Visionen: 15 Min.
Schwierigkeit: problemlos, teilweise steil
Höhenunterschied: gering

Ausgewählte Literatur

- Andergassen, Leo: Südtirol. Kunst vor Ort, 2002
- ARX, Zeitschrift für Burgen und Schlösser in Bayern, Österreich und Südtirol, diverse Ausgaben
- Baum, Wilhelm: Nikolaus Cusanus in Tirol, Bozen 1983
- Bitschnau, Martin: Burg und Adel in Tirol, Wien 1983
- Bitterli-Waldvogel, Thomas: Südtiroler Burgenkarte mit Burgenführer und Detailkarten, hg. v. Südtiroler Burgeninstitut, Bozen 1995
- Der Schlern, Bozen 1920 ff
- Deutsche Alpensagen, gesammelt und herausgegeben von Johann Nepomuk Ritter von Alpenburg, 1861
- Dumler Helmut: Südtirol. Schlösser und Burgen, 2001
- Fontana, Josef et alii: Geschichte des Landes Tirol, Bd. 1, Bozen 1985
- Forcher, Michael: Tirols Geschichte in Wort und Bild, Innsbruck 1984
- Gelmi, Josef: Die Brixner Bischöfe in der Geschichte Tirols, Bozen 1984
- Granichstaedten-Czerva, Rudolf, von: Beiträge zur Familiengeschichte Tirols, Schlern-Schriften 131, Innsbruck 1954
- Grebe, Anja; Großmann, Ulrich: Bozen - Schloss Maretsch, 2005
- Grebe, Anja; Großmann, Ulrich; Torggler, Armin: Burg Runkelstein, 2005
- Haidacher, Christoph: Die älteren Tiroler Rechnungsbücher, 2 Bände, Innsbruck 1993 und 1998
- Hohenbühel, Alexander von; Roilo, Christine; Mieth, Sven; Mahlknecht, Christian: Schloss Palaus, Veröffentlichungen des Südtiroler Kulturinstituts 5, Lana 2005
- Hörmann, Magdalena von: Alles Meister. Kunsthandwerk in Tirol, Bozen 2006
- Hörmann-Thurn und Taxis, Julia: Margarete Gräfin von Tirol, Innsbruck 2007
- Hye, Franz-Heinz von: Das Tiroler Landeswappen, Bozen 1985
- Köfler, Werner: Land – Landschaft – Landtag. Geschichte der Tiroler Landtage von den Anfängen bis 1808, Innsbruck 1985

- Kögl, Joseph: La Sovranità dei vescovi di Trento e Bressanone, o. A.
- Kössler, Walburga: St. Pauls an der Südtiroler Weinstraße, Eppan 2003
- Kühebacher, Egon: Die Ortsnamen Südtirols und ihre Geschichte, Veröffentlichungen des Südtiroler Landesarchivs 1 und 2, Bozen 1995
- Landi, Walter: Romanen & Germanen im Herzen der Alpen zwischen 5. und 8. Jahrhundert, Bozen 1995
- Mahlknecht, Bruno: Burgen, Schlösser und Ansitze in Eppan, o. A. (1978)
- Menara, Hanspaul: Südtiroler Burgen, Schlösser und Ansitze, 1999
- Prokop von Heinke, Joseph Freiherr: Kurze Darstellung des in den Österreichisch-Deutschen Erbstaaten üblichen Lehenrechtes, 2. Aufl., Wien 1818
- Sagen aus Tirol, gesammelt und herausgegeben von Ignaz V. Zingerle, 1891
- Schloss Runkelstein - Die Bilderburg, Ausstellungskatalog, Bozen 2000
- Schober, Richard: Geschichte des Tiroler Landtages im 19. und 20. Jahrhundert, Innsbruck 1984
- Staffler, Johann Jakob: Tirol und Vorarlberg, statistisch mit geschichtlichen Bemerkungen, Innsbruck 1839
- Stampfer, Helmut: Schloss Prösels bei Völs am Schlern, Völs am Schlern 1982
- Stolz, Otto: Politisch-historische Landesbeschreibung von Südtirol, Innsbruck 1971
- Südtiroler Burgeninstitut: Südtiroler Burgenkarte, 1995
- Trapp, Oswald (Hrsg.): Tiroler Burgenbuch, Bozen 1972 ff
- Weingartner, Josef: Die Kunstdenkmäler Südtirols, 2 Bände, aktualisiert von Magdalena Hörmann-Weingartner, 1985 und 1991
- Wolkenstein, Marx Sittich von: Landesbeschreibung von Südtirol, Schlern-Schriften 34, Innsbruck 1936

Ausführlich recherchiert wurde freilich auch im Internet.

Bildnachweis

Ansitz Stachelburg (Lanarepro): 70 l., 71

Ansitz Windegg (Foto Tappeiner): 31, 117, 118

Boymont (Foto Tappeiner): 79, 80, 81

Burg Runkelstein (Ochsenreiter Augustin/Rechte by Stadt Bozen): 26, 32, 33, 35, 36

Haselburg: 43, 44, 45, 46

Khuen-Belasi Gregor: 95

Ruzzenente Simone: 121, 123 r.

Schlosshotel Aehrental (Foto Tappeiner): 111, 112

Schlosskellerei Turmhof: 138, 141

Schloss Korb: 74, 75, 76, 77

Schloss Maretsch: 39, 40

Schloss Paschbach: 97, 98, 99

Schloss Prösels: 54, 55, 56

Schloss Ringberg: 127, 128, 129

Schloss Sigmundskron (Foto Tappeiner): 59, 60 r., 62/63

Schloss Warth (www.okinternetservice.it): 90, 92

Stabler Stefan: 20, 23, 60 l., 61, 67, 83, 86, 91, 94, 101, 103, 104, 106, 107, 108, 114, 115, 123 l., 124, 139, 143, 144, 146

Südtiroler Burgeninstitut: S. 7, 8, 9, 13 r., 19, 21 l., 34, 57, 84, 89

Südtiroler Burgeninstitut (Egger Clemens): 6, 11, 13 l., 16, 21 r., 22, 27, 28, 38, 48, 52

Südtiroler Burgeninstitut (Egger Philipp): 17, 24, 25, 30, 125

Südtiroler Burgeninstitut (Hofer Ulrike): 14

Südtiroler Burgeninstitut (Hohenbühel Alexander von): 15

Tourismusverband Eisacktal: 70 r.

Tourismusverein Nals: 72/73

Tourismusverein Steinegg: 50

Tourismusverein Terlan: 65, 68

www.allesfoto.com: 131, 132, 134, 136

Danksagung

Viele Informationen sind mir mündlich von den Besitzern, Pächtern und Schlossführern anvertraut worden. Sie alle haben von Anbeginn an meine Recherchen offen und entgegenkommend unterstützt, wofür ich ihnen danken möchte. Wertvolle Informationen habe ich auch bei den diversen Tourismusvereinen erhalten.

Ein Dank geht zudem an die Verantwortlichen der Museen und mit Führungen zugänglichen Anlagen, die sich bereit erklärt haben, den von mir geschriebenen Text gegenzulesen. Damit konnten einzelne Fehler vermieden bzw. historische Begebenheiten korrekt wiedergegeben werden. Ebenfalls gedankt sei den Südtiroler Landesmuseen für die Bereitstellung von Fotomaterial und die Vermittlung von Gesprächspartnern.

Großer Dank gebührt dem Südtiroler Burgeninstitut, das in der Person von Freiherr Alexander von Hohenbühel das Projekt von Anbeginn unterstützt hat und mir freien Zugang zur vereinsinternen Fachbibliothek gewährt sowie Bildmaterial zur Verfügung gestellt hat.

Stefan Stabler